Eva Danner

Bauernhoftiere

14 kleine Projekte für Krippenkinder

Verlag an der Ruhr

Impressum

Titel
Bauernhoftiere – 14 kleine Projekte für Krippenkinder

Autorin
Eva Danner

Titelbildmotive
Eva Danner; Ferkel: © Lilifox – Fotolia.com (s. a. Inhaltsverzeichnis)

Fotos
soweit nicht anders vermerkt: Eva Danner

Icons
Anja Boretzki

Druck
AZ Druck und Datentechnik GmbH, Kempten, DE

Verlag an der Ruhr
Mülheim an der Ruhr
www.verlagruhr.de

Geeignet für Kinder von 1–3 Jahren

Unser Beitrag zum Umweltschutz:
Wir sind seit 2008 ein ÖKOPROFIT®-Betrieb und setzen uns damit aktiv für den Umweltschutz ein. Das ÖKOPROFIT®-Projekt unterstützt Betriebe dabei, die Umwelt durch nachhaltiges Wirtschaften zu entlasten. Unsere Produkte sind grundsätzlich auf chlorfrei gebleichtes und nach Umweltschutzstandards zertifiziertes Papier gedruckt.

ISBN 978-3-8346-3914-1

Inhalt

Ein paar Worte vorab …

Leben & Arbeiten auf dem Bauernhof

Kinder und Tiere sind immer eine gute Kombination. Kinder lieben Tiere, denn sie bewegen sich und sind lebendig. Speziell das Umfeld des Bauernhofs ermöglicht schon Krippenkindern tolle Erlebnisse und Erfahrungen. Vögel und Säugetiere, wie Hühner, Kühe, Schafe oder Pferde faszinieren schon die Jüngsten. Bereits Kinder unter drei Jahren ahmen liebend gern Tierlaute nach, noch bevor sie die Namen der Tiere kennen und sie benennen können.

Die Tiere auf dem Bauernhof sind jedoch nicht nur schön anzuschauen, sondern werden vor allem als **Nutztiere** gehalten. Hühner liefern Eier und Fleisch, von den Kühen stammt die leckere Milch und Schafe bieten ein weiches Fell, welches zu Wolle verarbeitet wird. Auch das Berufsbild des Bauers/der Bäuerin, besser als **Landwirte** bezeichnet, ist spannend und interessant zugleich, und schon Krippenkinder erfahren gern Wissenswertes über deren Leben und Arbeit auf dem Bauernhof. Auch die **landwirtschaftlichen Maschinen**, wie Traktoren o. Ä. faszinieren selbst die Kleinsten, denn alles, was rollt und fährt, ist interessant und macht neugierig.

Auf dem **Hof** gibt es immer viel zu tun: Tiere füttern, Ställe ausmisten, Äcker umgraben, einsäen, düngen und ernten und unzähliges mehr, stehen täglich auf der „To-do-Liste", weshalb Landwirte bereits früh am Morgen aufstehen und mit der Arbeit beginnen. Mit diesem Buch möchte ich Sie einladen, gemeinsam mit den Kindern auf Erkundungsreise zu gehen und den Bauernhof mit allen Sinnen zu erleben und zu erfahren.

Das Buch bietet **14 Projekte** zu verschiedenen Bauernhoftieren, alle mit je 5 oder 6 Einzelangeboten. Die Inhalte sind bereits mehrfach **praktisch erprobt** und auf die Bedürfnisse von Kindern unter 3 Jahren ausgerichtet. Sie sind oft ohne großen Zeitaufwand in die Praxis umzusetzen, jedoch bedarf es auch hier einer gewissen Vorbereitungszeit und Planung der einzelnen Projekte. Ich habe versucht, diese so gering wie möglich zu halten, sodass die Inhalte **schnell und unkompliziert** umsetzbar sind.

Ein paar Worte vorab

Alle Projekte können ganzheitlich erlebt werden und sind so gestaltet, dass sie alle Sinne Ihrer Jüngsten anregen. Die Freude steht immer im Vordergrund und Freiwilligkeit hat stets oberste Priorität. Nur wer Freude am Tun hat, kann nachhaltig lernen und die Dinge bleiben lange im Gedächtnis, da sie mit allen Sinnen erlebt wurden.

Jedes Projekt beginnt mit einer Einführung in die jeweilige Thematik und man erfährt Wissenswertes über das Berufsfeld der Landwirte und der verschiedenen Bauernhoftiere. Ein besonderes Augenmerk ist hier auch auf die Nutzung der jeweiligen tierischen Produkte, wie Hühnereier, Schafswolle oder Kuhmilch, und deren Verarbeitung gerichtet.

Eine **kurze Geschichte**, durch die Bauer Tom und seine Frau Ella führen, dient immer als Einstieg. Handpuppen eignen sich hierzu hervorragend.

Tipp zur Umsetzung der Geschichten:
Bereiten Sie vorab die Requisiten vor. Lesen Sie den Kindern dann die Geschichte vor oder tragen Sie sie frei vor. Legen Sie bei den fett gedruckten Stellen die jeweiligen Gegenstände in den Kreis, sodass eine Landschaft am Boden entsteht. Mit den Figuren können Sie die Handlung nachspielen.

Auf die im Kasten genannte Weise können die Kleinen nicht nur zuhören, sondern die Geschichte auch visuell erleben. Dies hilft besonders den Allerkleinsten, den Handlungsabläufen besser folgen zu können. Aber Freude bereitet es meist allen Kindern, wenn sie eine „animierte" Geschichte betrachten und die einzelnen Charaktere live erleben können. Sie dürfen Ihre Jüngsten, wenn gewünscht, in die Handlungen mit einbeziehen. Beispielsweise kann die Bauer-Handpuppe jeden einzeln begrüßen oder die Kleinen helfen beim Füttern der Tiere mit. Entscheiden Sie individuell, wann eine solche Einbeziehung passend und sinnvoll ist.

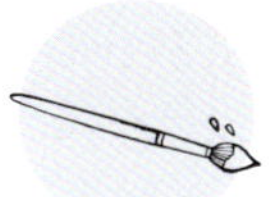

Zu jedem Projekt gibt es ein **Kreativangebot**, das sich gezielt mit der äußeren Erscheinung des jeweiligen Tieres beschäftigt. Hierbei habe ich Wert auf eine abwechslungsreiche Gestaltung gelegt, weshalb verschiedenste Techniken und Materialien zum Einsatz kommen. Oft sind einfache geometrische Formen Ausgangspunkt, die Sie vor Beginn des Angebotes vorbereiten müssen. Die Kinder schneiden diese dann (mit Ihrer Unterstützung) durch oder ab und gestalten auf diese Weise verschiedene Teile der Tiere und natürlich auch einen tollen Bauern.

Naturerfahrungen sind unbedingt vonnöten, wenn es sich um Tiere handelt, und dürfen auf keinen Fall fehlen. Denn nur an lebenden und echten Exemplaren kann das Äußere unverfälscht betrachtet werden. Besuchen Sie mit Ihren Jüngsten einen Bauernhof in Ihrer Nähe oder den Streichelzoo um die Ecke. Seien Sie achtsam, wenn Sie mit den Kindern unterwegs sind, und nehmen Sie sich Zeit zum genauen Betrachten. Hören Sie, wie die Hühner gackern oder der Hahn kräht; riechen Sie, wie es im Hasenstall nach Stroh und Heu duftet; spüren Sie, wie sich Ziegen und Schafe anfühlen. Diese Erlebnisse werden Ihre Kleinen begeistern und ihnen sicher noch lange Zeit in Erinnerung bleiben. Wichtig ist dabei immer, dass Sie den Kindern einen artgerechten Umgang mit den Lebewesen und der Natur vermitteln. Dies können schon Kinder unter drei Jahren lernen, wenn ihnen eine erwachsene Person zur Seite steht, die ihnen wertschätzendes und verantwortungsvolles Handeln zeigt und vorlebt.

Ein paar Worte vorab

Nach dem Kontakt mit Tieren sollten sich die Kleinen immer gründlich die Hände waschen!

Auch **Lieder** sind Bestandteile dieses Buches, deren Texte einprägsam und eingängig sind. Die neuen Textstrophen wurden an altbekannte, traditionelle Melodien angepasst, was es nahezu jedem ermöglicht, die Lieder mit den Kindern ohne langes Einüben zu singen. Dies fördert die Musikalität Ihrer Jüngsten und animiert zum Mitsingen.

Des Weiteren ergänzen vor allem **lebenspraktische Angebote** die einzelnen Projekte, in denen die unterschiedlichen tierischen Produkte gemeinsam mit den Kindern verarbeitet werden können. Zusammen wird etwas aus Hühnereiern oder Kuhmilch zubereitet und im Anschluss gegessen oder getrunken. Sollte Ihnen der Umgang mit rohen Eiern aus bakteriellen Gründen zu gefährlich erscheinen, können Sie die Angebote selbst abwandeln, indem Sie hart gekochte Eier einsetzen und ggf. neue Angebote kreieren.

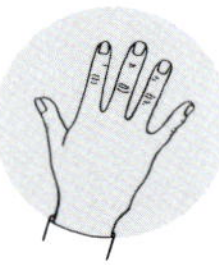

Alle Projekte werden individuell ergänzt oder vertieft mit **Fingerspielen und Bewegungsangeboten, Massagegeschichten und Spielen usw.** Da es ein kindliches Bedürfnis ist, Sprache und Bewegung miteinander zu verbinden, sind lustige Fingerspiele ebenfalls Bestandteile dieses Buches. Die leicht verständlichen Texte und Bewegungsanregungen fördern die Sprache und Begriffsbildung der Kleinen sowie ihre Koordination und Feinmotorik. Und natürlich bereiten sie viel Spaß.

Selbstverständlich dürfen Sie die Angebote verändern und/oder nach Ihren Wünschen und Interessen **variieren und gestalten**. Orientieren Sie sich hierbei an den Interessen und Vorlieben Ihrer Kinder und gestalten Sie dementsprechend die einzelnen Projekte.

Und nun wünsche ich Ihnen und Ihren Kindern viel Freude auf Ihren Streifzügen auf dem Bauernhof und beim Kennenlernen der verschiedenen Tierarten.

Ein besonderer Dank geht an dieser Stelle an Joachim und Annerose und ihre vielen Tiere sowie an den Zoologischen Stadtpark in Karlsruhe, wo einige Aufnahmen entstanden sind.

Eva Danner

Die Abbildung erfolgt mit freundlicher Genehmigung des Zoologischen Stadtgartens Karlsruhe.

Vom Leben auf dem Bauernhof

Der Beruf des Bauers/der Bäuerin, auch als **Landwirte** bezeichnet, ist ein Lehrberuf, der innerhalb eines dualen Systems in einer dreijährigen Ausbildung erlernt wird. Die Aufgaben der Landwirte sind vielseitig, aber auch mit Anstrengungen und einer hohen Arbeitsbelastung verbunden. Denn trotz des Einsatzes modernster Technologien, wie z. B. landwirtschaftlicher Nutzfahrzeuge (Traktor, Pflug, Radlader oder Futtermischwagen) oder der Verwendung technischer Anlagen (z. B. moderner Melkmaschinen), ist viel körperliche Anstrengung in diesem Beruf nötig. Schwere Futtersäcke müssen getragen, Düngemittel geschleppt und etliche Arbeiten im Freien verrichtet werden. In erster Linie bewirtschaften Bauern landwirtschaftliche Nutzflächen und produzieren **tierische und pflanzliche Erzeugnisse** (Agrarprodukte), welche sie veräußern. Hierzu zählen u.a. die Schweine- oder Milchviehhaltung oder der Anbau von Mais und Getreide. Inzwischen haben sich viele Landwirte auch auf die **Energieproduktion** spezialisiert, indem sie Pflanzenöl oder Biodiesel erzeugen.
Der schonende Umgang mit natürlichen Ressourcen ist vielen modernen Landwirten heute ebenso wichtig wie der Tierschutz. Bio-Landwirte legen sogar noch einen höheren Wert auf eine artgerechte Tierhaltung, indem sie beispielsweise weniger Tieren mehr Auslauf ermöglichen und somit für weniger Stress sorgen. Alle Landwirte haben eine hohe Verantwortung zu tragen und tägliches, frühes Aufstehen ist für sie Routine. Ein Arbeitstag hält diverse Tätigkeiten bereit: Tiere füttern, Ställe säubern, Felder düngen, Kühe melken, säen, ernten, bewässern, unterschiedliche Landwirtschafts-

Mit dem Traktor unterwegs

maschinen bedienen und warten und auch das Verarbeiten der hofeigenen Produkte. Landwirte arbeiten an vielen verschiedenen Orten. Sie sind sowohl draußen tätig als auch in Ställen, Scheunen, Maschinenschuppen, Lagerhallen und hin und wieder auch im Büro. Bauer und Bäuerin haben also einen interessanten und vielseitigen Beruf, aber auch wenig Freizeit und viel Arbeit.

Eine Geschichte erzählt von Bauer Tom und seiner Frau Ella und berichtet vom Leben auf dem Bauernhof.

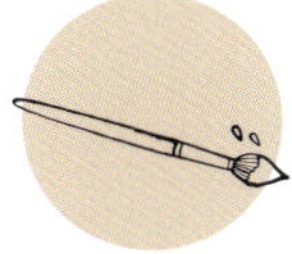

Aus Papier entsteht ein toller Bauer und die Kinder schulen ihre Feinmotorik.

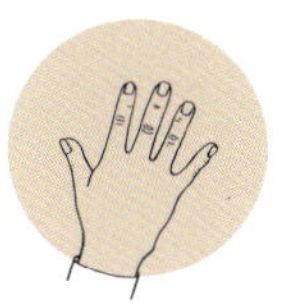

Ein Fingerspiel berichtet von der Arbeit auf einem Bauernhof und die Kleinen fördern ihre Koordination.

Ein Lied lädt zum Mitsingen ein und schult die Musikalität der Kinder.

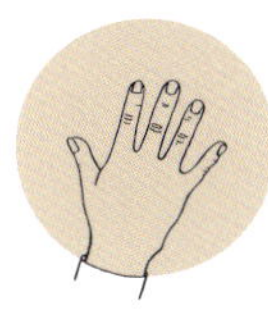

Bei abwechslungsreichen Bewegungsstationen helfen die Kleinen dem Bauern bei der Arbeit und können sich körperlich erproben.

Bauer Tom

➥ Anleitung siehe S. 5

Diese Requisiten brauchen Sie:

- ✓ Tom/Ella (Figuren oder aus Papier)
- ✓ Wecker (echt oder aus Papier)
- ✓ Bettdecke (Puppendecke oder Tuch)
- ✓ Mond (aus Papier)
- ✓ Himmel (blaues Tuch)
- ✓ Schubkarre (Dekomaterial oder Spielschubkarre)
- ✓ Mistgabel (Dekomaterial oder Gabel)
- ✓ Stall (Vogelhaus oder selbst konstruieren)
- ✓ Kühe (Figuren oder aus Papier)
- ✓ Stroh
- ✓ Sonne (aus Papier)
- ✓ Hühner (Figuren oder aus Papier)
- ✓ Eier (Plastikeier)
- ✓ Tee (Tasse)
- ✓ Brot (Kaufmannsladen)

Die Geschichte

Bauer **Tom** und seine Frau **Ella** leben auf einem großen Bauernhof mit vielen Tieren. Da gibt es Kühe und Schafe, Schweine, Hühner und noch eine ganze Menge mehr. Doch wo viele Tiere sind, gibt es auch immer eine Menge zu tun. Tom und Ella müssen ihnen Futter bringen, den Stall ausmisten, frisches Wasser bereitstellen und einiges mehr. Die beiden lieben ihre Tiere und kümmern sich gut um sie. Tom hat auch einen Traktor für die Feldarbeit und einen großen Hänger, um alles aufladen zu können. Er pflanzt Getreide und Gemüse an und hat ein Feld voller Sonnenblumen. Tom und seine Frau haben viel Freude bei ihrer Arbeit, auch wenn sie dazu sehr früh aufstehen müssen. So auch heute. „Krrrrrrr", macht der **Wecker** und Tom öffnet die Augen. Und auch, wenn er gern noch etwas unter der warmen **Bettdecke** geblieben wäre, steht er auf und zieht sich an. „Es hilft nichts", sagt er. „Meine Tiere warten sicher schon auf mich." Draußen ist es noch dunkel und der **Mond** scheint am **Himmel**. Tom schlüpft in die Gummistiefel und schnappt sich seinen Hut. Das Frühstück muss erst einmal warten. Zuerst sind die Tiere dran. Tom geht in den Schuppen, holt eine **Schubkarre** und die **Mistgabel**. Beides braucht er, um den **Stall** auszumisten. Im großen Kuhstall ist schon eine Menge los. Viele **Kühe** haben die Nacht darin verbracht und warten bereits ungeduldig auf den Bauern. „Muh, muh", macht es, als Tom die Stalltür öffnet. „Guten Morgen, meine Lieben", begrüßt er sie und macht sich sogleich an die Arbeit. Mit der Mistgabel schaufelt er das alte **Stroh** auf die Schubkarre und fährt sie zum großen Misthaufen hinter dem Stall. Er muss die Karre einige Male vollladen, ehe das ganze alte Stroh weggeschafft ist. Erst dann streut er frisches, sauberes Stroh aus. „Jetzt ist alles wieder schön sauber", sagt er und verlässt den Stall. Später wird er wiederkommen und Futter und frisches Wasser bringen. Außerdem müssen alle seine Kühe noch gemolken werden. Dabei hilft ihm Ella dann. Auf dem Weg zurück zum Bauernhaus macht Tom kurz halt bei den **Hühnern**. Auch ihnen wird er bald Futter bringen. Aber jetzt will er sich erst einmal zwei **Eier** mitnehmen. „Das werden leckere Frühstückseier für mich und Ella", sagt er und spaziert zurück zum Haus. In der Zwischenzeit ist die **Sonne** aufgegangen und es wird langsam hell. Dann ist auch schon ein lautes „Kikeriki!" zu hören. Offenbar ist der Hahn gerade aufgewacht und weckt nun alle Bauernhofbewohner mit seinem lauten Krähen. Jetzt wird es nicht mehr lange dauern und es herrscht reges Treiben auf dem ganzen Hof. Schließlich ertönt dort ein „Muh" und hier ein „Mäh". Ein „Miau" und ein „Iah" und überall werden die Tiere munter. Doch bis es so weit ist, bleibt Tom und Ella noch etwas Zeit zum Frühstücken. Mit heißem **Tee**, frischem **Brot** und zwei köstlichen Hühnereiern. Guten Appetit.

Bauer Tom

Material:

- ✓ hautfarbener, weißer, schwarzer, roter, grüner, brauner, blauer und gelber Tonkarton
- ✓ Schere
- ✓ Locher
- ✓ braune Märchenwolle
- ✓ Klebstoff

Konzentriert wird Bauer Tom gebastelt.

Durchführung:

Für den Kopf:
Bereiten Sie für den Kopf ein hautfarbenes Quadrat (8 x 8 cm) vor, einen weißen Streifen (1 cm) für die Augen und einen roten Kreis (3 cm) für den Mund. Für den Hut schneiden Sie ein braunes Rechteck (4 x 6 cm) zu sowie einen Streifen (1 cm) für die Hutkrempe.

Die Kinder schneiden am Kopf alle vier Ecken ab. Vom weißen Streifen schneiden sie zwei Stücke als Augen ab und kleben schwarze Locherpunkte als Pupillen auf. Den Kreis halbieren sie und verwenden eine Hälfte als Mund. Die Einzelteile des Gesichtes setzen sie mit Klebstoff zusammen. Einen roten Locherpunkt fixieren sie als Nase. Am Hut schneiden die Kleinen auf einer breiten Seite beide Ecken ab und von der Hutkrempe ein etwa 8 cm langes Stück, welches sie am Hut ankleben. Etwas braune Märchenwolle befestigen die Kinder mit Klebstoff am Kopf und fixieren den Hut darauf.

Für den Körper:
Schneiden Sie für den Bauch ein grünes Rechteck (8 x 10 cm) zu, einen hautfarbenen Streifen (2 cm) für den Hals, einen grünen Streifen (2 x 16 cm) für die Arme, einen hautfarbenen Kreis (3 cm) für die Hände, einen blauen Streifen (10 cm) für die Hose, einen blauen Streifen (1 x 10 cm) für die Hosenträger und einen blauen Streifen (3 x 20 cm) für die Beine.

Für die Gummistiefel bereiten Sie zwei gelbe Quadrate (4 x 4 cm) sowie ein Rechteck (8 x 2 cm) vor. Die Kinder schneiden auf einer breiten Seite des Bauches beide Ecken ab sowie ein Stück des hautfarbenen Streifens für den Hals. Den grünen Streifen und den hautfarbenen Kreis halbieren sie und verwenden die entstandenen Hälften als Arme und Hände. Vom dicksten blauen Streifen schneiden sie ein Stück als Hose ab, die anderen blauen Streifen halbieren sie und verwenden diese als Hosenträger und Beine. Die gelben Quadrate schneiden die Kleinen auf zwei Seiten schräg zu, das gelbe Rechteck halbieren sie und kleben die entstandenen Teile zu Stiefeln zusammen. Die Einzelteile des Körpers setzen sie mit Klebstoff zusammen. Körper und Kopf fixieren sie am Hals.

Für die Mistgabel:
Bereiten Sie einen braunen Streifen (1 cm) vor. Die Kinder schneiden ein langes Stück als Stiel ab (etwa 20 cm) und vier kurze Stücke als Zinken. An einem der kurzen Stücke befestigen die Kinder die anderen drei Stücke und kleben diese an den Stiel. Die Mistgabel fixieren sie an einer Hand.

Bauer Tom

Verse sprechen …

Finger spielen …

Verse sprechen …	Finger spielen …
Bei Bauer Tom, denkt euch das bloß, ist morgens früh schon ganz viel los.	Auf eine imaginäre Uhr schauen
Tom zieht Hut und Stiefel an, dann fängt für ihn die Arbeit an.	Pantomimisch Hut und Stiefel anziehen; Hände patschen auf Oberschenkel
Den Stall ausmisten, Stroh noch bringen, beim Holzhacken die Axt fest schwingen.	Pantomimisch Stall ausmisten/Stroh tragen; Holz hacken
Futter tragen zu den Tieren, den Weidezaun schnell reparieren.	Pantomimisch einen Sack schleppen; mit einem imaginären Hammer klopfen
Hühner füttern, Kühe melken, Blumen gießen, eh sie welken.	Pantomimisch Körner streuen/melken; gießen
Bauer Tom hat viel zu tun und selten Zeit, sich auszuruhn.	Mit dem Handrücken über die Stirn wischen
Erst am Abend hat er Ruh' und macht die müden Augen zu.	Kopf auf gefaltete Hände legen; Augen schließen

Ein Fingerspiel macht schon den Kleinsten viel Spaß.

Bei Bauer Tom

Melodie: traditionell, „Trarira, der Frühling, der ist da“ | **Text:** Verlag an der Ruhr

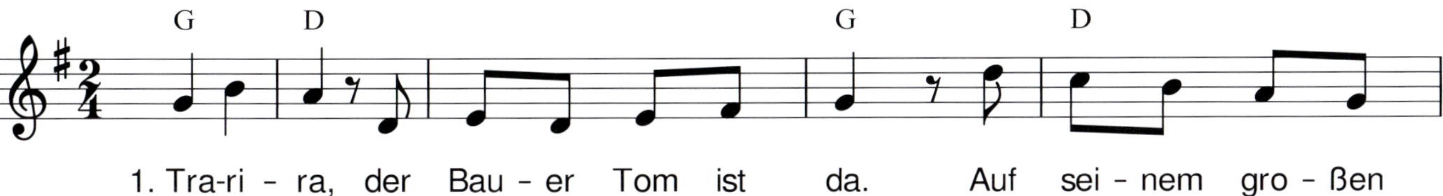

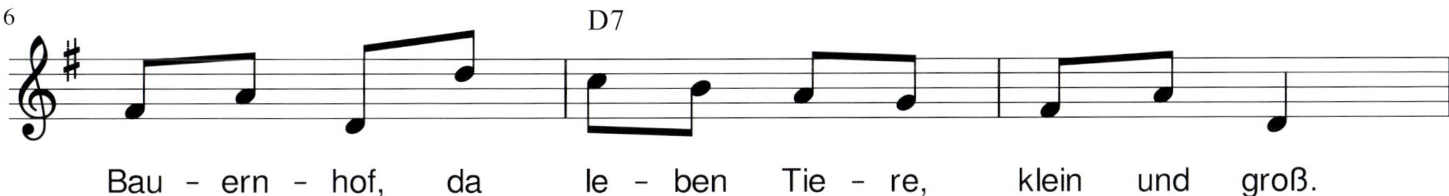

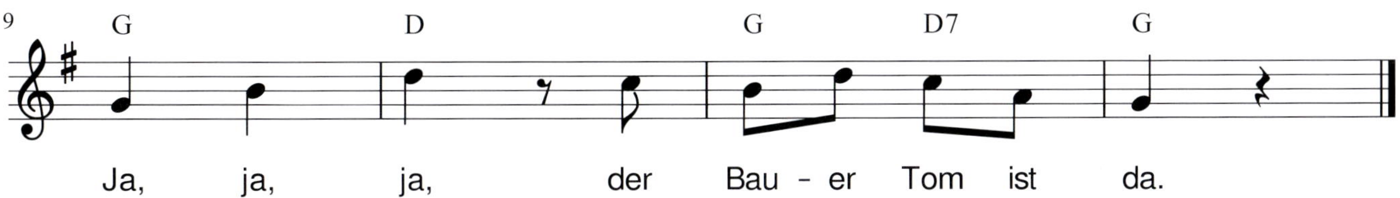

2.
Trarira, das Pferdchen, das ist da.
Springt auf der Wiese im Galopp,
macht immer wieder hopp, hopp, hopp.
Ja, ja, ja, das Pferdchen, das ist da.

3.
Trarira, die Katze, die ist da.
Leckt ihre weichen Pfoten ab,
schnappt nach der Maus, oh das war knapp.
Ja, ja, ja, die Katze, die ist da.

4.
Trarira, das Mäuschen, das ist da.
Es rennt schnell und macht husch, husch, husch,
versteckt sich unterm Fliederbusch.
Ja, ja, ja, das Mäuschen, das ist da.

5.
Trarira, der Hofhund, der ist da.
Er bellt so laut, wie er nur kann,
sodass ihn jeder hören kann.
Ja, ja, ja, der Hofhund, der ist da.

6.
Trarira, die Ziege, die ist da.
Sie meckert fröhlich, sieh mal an,
die Kinder sind ganz angetan.
Ja, ja, ja, die Ziege, die ist da.

7.
Trarira, das Huhn, das ist jetzt da.
Es gackert ja ganz aufgeregt,
denn es hat grad ein Ei gelegt.
Ja, ja, ja, das Huhn, das ist jetzt da.

8.
Trarira, die Kuh, die ist jetzt da.
Die Milch von ihr schmeckt uns sehr gut,
uns stört die Kuh nicht, wenn sie muht.
Ja, ja, ja, die Kuh, die ist jetzt da.

9.
Trarira, das Lied ist wunderbar.
Alle Tiere gehen nun
in den Stall und müssen ruhn.
Ja, ja, ja, das Lied ist wunderbar.

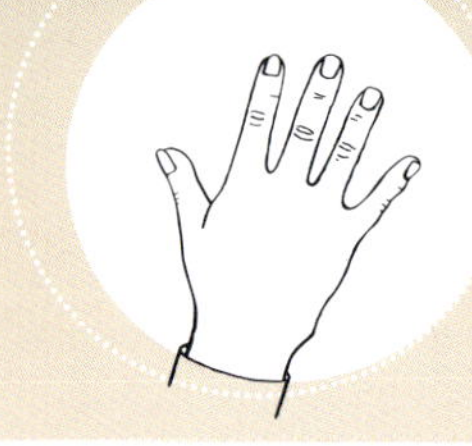

Auf dem Hof von Bauer Tom

Auf dem Hof von Bauer Tom gibt es immer eine Menge zu tun. Der fleißige Bauer hat viel Arbeit zu erledigen. Da müssen die Eier aus dem Hühnerstall geholt werden. Schweine und Kühe brauchen Futter. Und dann gibt es noch den großen Kirschbaum, dessen Früchte sich der Bauer nach einem harten Arbeitstag gut schmecken lässt. Heute dürfen die Kinder Tom bei seiner Arbeit unterstützen.

Station: Äpfel für die Schweine

Das brauchen Sie:

- ✓ 1 Langbank
- ✓ rote Bälle (z.B. von einem Bällebad)
- ✓ 2 Körbe
- ✓ bei Bedarf: Matten zum Absichern

So geht es:

Stellen Sie die Langbank auf und platzieren Sie an jedem Ende einen Korb. Füllen Sie die roten Bälle (= Äpfel) in einen Korb.

Berichten Sie den Kindern, dass die Schweine gern leckere Äpfel mögen, die Tom ihnen von Zeit zu Zeit bringt. Da es bei den Tieren immer ziemlich matschig ist, muss Tom über einen schmalen Steg (= Bank) zu den Schweinen laufen, ehe er ihnen das Futter bringen kann. Die Kleinen nehmen sich einen Apfel aus dem Korb und balancieren über die Bank auf die andere Seite. Dort steigen sie herunter und legen den Ball in den leeren Korb hinein.

Station: Eier aus dem Hühnerstall

Das brauchen Sie:

- ✓ 1 hoher Kasten
- ✓ 1 Rutsche
- ✓ 1 Klettergerüst oder Sprossenwand
- ✓ 1 Leiter
- ✓ 2 Körbe
- ✓ 2 Seile
- ✓ weiße Bälle
- ✓ Matten zum Absichern

So geht es:

Hängen Sie Leiter und Rutsche in den Kasten ein und sichern Sie alles mit Matten ab. Platzieren Sie den Aufbau direkt vor dem Klettergerüst und lassen Sie einen Korb an zwei Seilen herunterhängen, in den Sie weiße Bälle legen (= Hühnereier). Den zweiten Korb platzieren Sie unten neben der Rutsche. Erzählen Sie den Kindern, dass Bauer Toms Hühner ihre Nester am liebsten hoch oben im Stall bauen, wo sie ungestört sind. Dort gelangt man nur über die schmale Hühnerleiter hinauf. Die Kinder klettern auf der Leiter nach oben, nehmen sich ein Ei aus dem Korb und rutschen auf der Rutsche wieder nach unten. Den Ball legen sie in den leeren Korb.

Ganz schön anstrengend, die Hühnerleiter hinaufzuklettern.

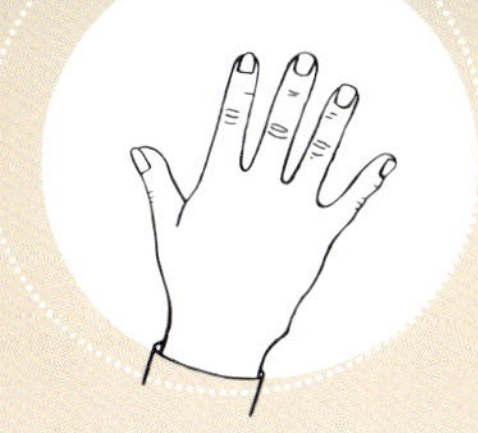

Auf dem Hof von Bauer Tom

Station: Futter für die Kühe

Das brauchen Sie:

- 1 Holzwippe
- 1 Turnmatte
- 2 Körbe
- grüne Bälle

So geht es:

Platzieren Sie die Wippe verkehrt herum auf der Turnmatte (= Hügel), damit diese nicht wegrutscht, und stellen Sie an jedes Ende einen Korb. In einen Korb füllen Sie die grünen Bälle (= Gras). Berichten Sie Ihren Jüngsten, dass die Kühe am liebsten frisches, saftiges Gras fressen. Doch bevor der Bauer die Kuhweide erreicht, muss er über einen Hügel steigen. Die Kinder nehmen sich einen Ball, klettern oder laufen über die Wippe auf die andere Seite und legen das Gras in den leeren Korb hinein.

Station: Kirschbaum

Das brauchen Sie:

- 1 Kletternetz
- Kirschen (Papier oder Kaufmannsladen)
- 2 Seile
- 1 Korb
- Wäscheklammern
- Matten zum Absichern

So geht es:

Binden Sie das Seil oben an das Kletternetz (= Baum) und befestigen Sie die Kirschen mithilfe der Wäscheklammern daran. Mit dem zweiten Seil knoten Sie unten am Kletternetz einen Korb an und sichern die Station mit Matten ab. Erzählen Sie den Kindern, dass Bauer Tom auf den großen Kirschbaum klettert, um ein paar süße rote Kirschen zu pflücken. Die Kleinen steigen auf den Baum, indem sie das Kletternetz hinaufklettern, und pflücken sich eine Kirsche, indem sie einfach daran ziehen. Dann steigen sie wieder hinunter und legen die roten Früchte in den Korb hinein.

Auch die Kühe brauchen Futter.

Die leckersten Kirschen hängen ganz oben.

„Muh" macht die Kuh

Kühe sind Säugetiere und zählen zu den Wiederkäuern. Das bedeutet, sie kauen ihre Nahrung – vorzugsweise Gras, Getreide, Mais, Stroh und Mineralfutter – vor, schlucken sie, würgen sie später wieder hoch und kauen sie erneut. Eine Kuh besitzt vier Mägen, mit denen sie ihre Nahrung verdaut: den Pansen, den Blättermagen, den Netzmagen und den Labmagen. Ausgewachsene Tiere können ein Gewicht von bis zu 800 kg erreichen. Auf Bauernhöfen werden zwei Arten von Kühen gehalten: es gibt die sogenannten Milchrassen, bei denen die Milcherzeugung im Vordergrund steht, wohingegen bei den Fleischrassen die Erzeugung von Fleisch vordergründig ist.

Kühe, die in einem Landwirtbetrieb leben, müssen jeweils zwei identische Ohrmarken haben, auf deren Vorderseite die Ohrmarkennummer des Tieres vermerkt ist, damit dieses zweifelsfrei zugeordnet werden kann. Weiterhin besitzt jedes Tier zur Identifizierung einen sogenannten Rinderpass.

Glückliche Kühe auf der Weide.

Kühe produzieren in ihren Eutern Milch. Im Melkstand werden die Kühe dann in Gruppen gemolken, indem die Melkmaschine morgens und abends die Milch aus dem Euter absaugt. Diese wird dann entweder als solche verkauft oder zu Butter, Sahne, Joghurt oder Käse weiterverarbeitet.

Eine Geschichte berichtet vom Alltag der Kühe auf dem Bauernhof und die Kinder erfahren etwas über das Leben dieser Tiere.

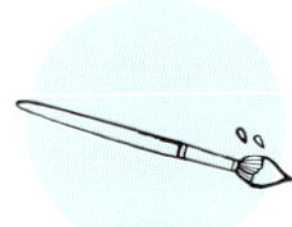

Aus einer leeren Pappschachtel darf jeder seine eigene Kuh gestalten und schult dabei seine Feinmotorik.

Ein lustiges Fingerspiel fördert die Sprachentwicklung und die Koordination der Kinder.

Die Kleinen helfen bei der Puddingzubereitung mit und erfahren, was man aus Milch herstellen kann.

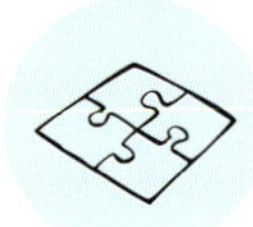

Bei einem lustigen Spiel suchen die Kinder zwei passende Bauernhoftiere und schulen dabei ihre Konzentration und Ausdauer.

Die Kuh Klara

➡ Anleitung siehe S. 5

Diese Requisiten brauchen Sie:

- ✓ Tom/Ella (Figuren oder aus Papier)
- ✓ Stall (braunes Tuch und Stroh auslegen)
- ✓ Kühe (Figuren oder aus Papier)
- ✓ Stuhl (aus Puppenküche o. Ä.)
- ✓ Eimer (Dekoeimer oder Sandspieleimer)
- ✓ Klara (Figur oder aus Papier)
- ✓ Apfel (aus dem Kaufmannsladen oder echt)
- ✓ Weide (grünes Tuch)
- ✓ Gatter (aus Papier, Bausteinen o. Ä. konstruieren)

Die Geschichte

Tom und **Ella** sind auf dem Weg zum **Stall**, um die **Kühe** zu melken. Als sie dort ankommen, warten diese bereits auf sie. „Na, dann fangen wir mal an", sagt Tom, und er und Ella nehmen sich einen **Stuhl** und einen **Eimer** und nach einer Weile sind alle **Kühe** gemolken. Alle bis auf eine. Klara, eine weiße Kuh mit schwarzen Flecken, steht ganz hinten im Stall. „Du bist dran Klara!", ruft Tom. – „Muh", antwortet diese. – „Komm her, Klara. Du kennst es doch. Es ist wie jeden Morgen. Erst melken, dann darfst du zur Weide gehen." Aber Klara denkt nicht daran, zu kommen. Sie weiß, dass Tom sie jeden Tag melken muss und eigentlich ist das auch kein Problem. Nur heute hat sie einfach keine Lust. „Muh", macht sie und schaut Tom an. – „Was ist denn heute mit dir los? Du bist doch sonst nicht so." Aber heute ist Klara so. Heute will sie einfach nicht gemolken werden. Doch Tom hat eine Idee. Er holt einen **Apfel**. Klara liebt Äpfel. „Der ist für dich. Aber nur, wenn du dich melken lässt." – „Muh", muht Klara und dreht sich einfach um. – „Was?", ruft Tom verwundert. „Du willst den Apfel nicht?" – „Muh" ist alles, was er zu hören bekommt. Es wird schwerer als gedacht, denkt er und überlegt. „Na gut, dann müssen wir es anders machen", sagt er und läuft auf die Kuh zu. Er stellt seinen Stuhl auf den Boden und den Eimer daneben. Doch gerade als er mit dem Melken anfangen will, schubst Klara den Eimer um. Zum Glück war noch keine Milch drin. „Klara!", schimpft Tom. „Was machst du denn? Bist du krank?" Aber Klara ist nicht krank. Und inzwischen könnte man sogar meinen, sie hat ein wenig Spaß, den Bauern zu ärgern. „Muh", macht sie und wedelt mit dem Schwanz. – „Weißt du, was? Dann wirst du heute eben nicht gemolken. Aber auf die Weide gehst du dann auch nicht", sagt Tom laut, öffnet die Stalltür und führt die anderen Kühe auf die **Weide**, wo sie viel Platz zum Fressen und Herumlaufen haben. Als alle Tiere dort angekommen sind, schließt er das **Gatter** und geht zurück zum Stall. „Muh, muh!", hört er Klara bereits laut rufen. – „Was ist? Willst du etwa auch zur Weide?" – „Muh, muh." Natürlich will sie das. Dort gibt es leckeres Gras und man kann sich im Schatten der Bäume ausruhen. „Also, wenn du dich jetzt melken lässt, dann können wir noch einmal darüber reden", sagt Tom und streckt der Kuh den Eimer entgegen. Klara schaut ihn an, dann gibt sie nach und bleibt ganz still stehen, damit der Bauer sie melken kann. Es dauert auch nicht lange und er ist fertig. „Das wars. War doch überhaupt nicht schlimm, oder?" „Muh", macht Klara und schubst Tom vorsichtig mit der Schnauze an. „Ich weiß. Du willst zu den anderen. Dann lass uns gehen", erwidert er und streichelt seiner Kuh über das weiche Fell. „Aber morgen machst du nicht so einen Aufstand. Hast du gehört?" – „Muh", antwortet Klara kleinlaut und Tom macht sich auf den Rückweg.

Gefleckte Kuh

Material:

- leere Pappschachtel
- weißer, schwarzer, brauner, hautfarbener Tonkarton
- Schere
- Klebstoff
- Locher
- braune Schnürsenkel (alternativ: Wolle, Schnur o. Ä.)
- Klebeband
- evtl. schwarze, braune, weiße Fingerfarbe

Viele Flecken werden aufgeklebt.

Durchführung:

Für den Kopf:
Schneiden Sie ein Rechteck für den Kopf zu, einen Streifen für die Augen, einen hautfarbenen Kreis für die Schnauze, einen weißen Kreis für die Hörner und zwei kleine Rechtecke für die Ohren. Die Größe orientiert sich an der gewählten Pappschachtel.

Sorgfältig werden die Einzelteile zusammengeklebt.

Schneiden kann ich schon allein.

Die Kinder schneiden auf einer schmalen Seite des Kopfes beide Ecken ab.

Vom Streifen schneiden sie zwei Stücke als Augen ab und kleben zwei Locherpunkte als Pupillen auf. Den hautfarbenen Kreis halbieren sie und verwenden eine Hälfte als Schnauze. Zwei schwarze Locherpunkte befestigen sie als Nasenlöcher. Den weißen Kreis halbieren sie und verwenden beide Hälften als Hörner. An den Ohren schneiden die Kleinen auf jeweils einer schmalen Seite beide Ecken ab. Die Einzelteile des Kopfes setzen sie mit Klebstoff zusammen.

Für den Körper:
Verwenden Sie für den Körper der Kuh eine leere Pappschachtel. Ob diese braun, grau oder weiß ist, entscheiden Sie. Wenn die Schachtel noch nicht einfarbig ist, bemalen oder bekleben Sie sie je nach gewünschter Farbe. Bereiten Sie einen weißen, braunen oder schwarzen Streifen vor, von welchem die Kinder beliebig viele Stücke abschneiden und als Flecken auf die Pappschachtel kleben. Für den Schwanz schneiden sie ein Stück des Schnürsenkels ab und befestigen dieses mit Klebeband an der Schachtel.

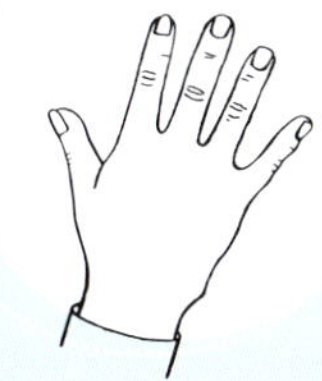

Die Kuh Klara

Verse sprechen …	**Finger spielen …**
Klara heißt die liebe Kuh, sagt zur Begrüßung leise: „Muh.“	Leise „Muh“ sagen
Sie hat zwei Ohren, weiches Fell, mit ihren Beinen rennt sie schnell.	Auf Ohren und Körper deuten; mit Händen auf Oberschenkel patschen
Sie gibt auch Milch, das ist ja klar, die ist gesund, schmeckt wunderbar.	Mit der Handfläche kreisend über den Bauch reiben
Die Klara frisst gern, wisst ihr, was? Am liebsten grünes, frisches Gras.	Kaubewegungen ausführen
Und am Abend, welch ein Glück, geht Klara in den Stall zurück.	Hände formen ein Dach (= Stall)
Zum Abschied ruft sie allen zu, so laut sie kann: „Muh, muh, muh!“	Laut „Muh!“ rufen

Klara fühlt sich auf der Wiese wohl.

Schokopudding

Bauer Tom hat seine Kühe gemolken und den Kindern frische Milch mitgebracht. Gemeinsam können sie daraus einen leckeren Schokoladenpudding zubereiten. Füllen Sie die Milch vorab in einen schönen Krug und zeigen Sie sie den Kindern.

Am besten eignet sich hier Pudding zum Kalteinrühren, da dieser sofort verzehrbereit ist und man keine Gefahr läuft, dass sich die Kinder beim Kochen verbrennen können.

So sieht die Milch von der Kuh aus.

Zutaten:

- ✓ Puddingpulver zum Kalteinrühren
- ✓ Milch
- ✓ Rührschüssel
- ✓ Handrührgerät
- ✓ Löffel
- ✓ kleine Schale

So geht es:

Die Zubereitung des Puddings entnehmen Sie der Rezeptbeilage auf der Packung. Sicher helfen Ihre Kleinen bei der Herstellung gern mit. Zeigen Sie den Kindern zunächst das Puddingpulver in der Schale und lassen Sie sie daran riechen. Regen Sie die Kleinen hierbei zum aktiven Sprechen an. Folgende Fragen können Ihnen dabei helfen:

- ✓ Welche Farbe hat das Pulver?
- ✓ Wie riecht es?
- ✓ Wie fühlt es sich an?

Nun darf jeder mithilfe eines Löffels etwas Puddingpulver in die Rührschüssel geben. Gießen Sie anschließend die Milch hinzu. Auch hierbei können Ihnen die Kleinen helfen. Mit dem Handrührgerät verrühren Sie alles zu einer homogenen Masse. Die Dauer entnehmen Sie der Rezeptanleitung. Den fertigen Pudding können sich dann alle gemeinsam schmecken lassen.

Für Kinder mit einer Milchallergie können Sie vorab etwas Pudding mit Hafer- oder Mandelmilch zubereiten.

Guten Appetit!

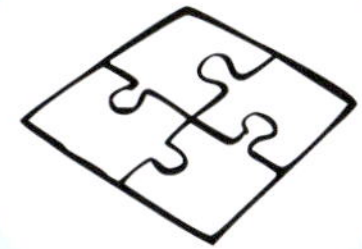

Bauernhof-Memo

Material:

- blaues und weiteres buntes Tonpapier
- Schere
- Laminierfolien
- Laminiergerät

So stellen Sie das Spiel her:

Fertigen Sie aus blauem Tonpapier quadratische Spielkarten an. Wie groß diese sein sollen, entscheiden Sie selbst (unsere hatten eine Größe von 12 x 12 cm). Basteln Sie aus buntem Tonpapier jeweils zwei Bauernhoftiere einer Art, z. B. Kuh, Schaf, Esel, Schwein, Huhn etc., und kleben Sie diese auf die Spielkarten. Auf diese Weise entstehen die Tierpaare. Anschließend laminieren Sie diese, damit sie stabil und abwaschbar sind. Achten Sie beim Laminieren darauf, dass keine scharfen Kanten entstehen, an denen sich die Kinder verletzen könnten.

So wird gespielt:

Zur Einführung bietet es sich an, das Spiel im Morgenkreis vorzustellen. Später können Sie es natürlich auch während des Freispiels zur Verfügung stellen. Legen Sie von jedem Tier eine Spielkarte auf den Boden und sprechen Sie mit den Kindern darüber. Animieren Sie die Kleinen zum Sprechen, indem Sie z. B. folgende Fragen stellen:

- Wie heißt dieses Tier?
- Welches Geräusch macht es?
- Welche Farbe hat es?

Auf diese Weise findet Begriffsbildung und aktive Wortschatzerweiterung statt. In einem kleinen Körbchen sind die anderen Tierkarten verstaut und reihum darf sich jeder eine Karte herausnehmen und betrachten.

Sprechen Sie wieder darüber, wie das entdeckte Tier heißt, und bitten Sie das Kind, nun ganz genau nachzuschauen, ob es noch ein Tier entdeckt, das genauso aussieht wie das auf der Karte – schließlich möchte jedes Tier einen passenden Freund finden. Auf diese Weise regen Sie Ihre Jüngsten zum genauen Hinschauen an. Wurde das passende Bauernhoftier entdeckt, darf die Karte dazugelegt werden und der nächste Mitspieler kann sich eine Karte aus dem Körbchen nehmen. Sind alle Karten aufgebraucht, ist das Spiel zu Ende.

So sieht das Bauernhof-Memo aus.

Gut zu wissen:

Sie können das Spiel auch wie ein richtiges Memo spielen, indem die Karten verdeckt auf dem Boden/Tisch liegen und durch richtiges Aufdecken die passenden Paare gefunden werden müssen.

„Mäh" macht das Schaf

Schafe sind **Säugetiere** und zählen zu den Hornträgern. Sie sind, wie Kühe auch, **Wiederkäuer**. Es gibt viele verschiedene Arten und sie sind Lieferanten für **Fleisch, Wolle und Milch**. Ihr Fell kann zu Wolle verarbeitet werden, nachdem es einmal im Jahr, zwischen April und Juni geschoren wurde. Die Fellfarbe variiert von Weiß über Grau bis hin zu Braun und Schwarz. Männliche Schafe werden als „Widder" bezeichnet und neugeborene Tiere werden bis zum Alter von einem Jahr „Lämmer" genannt. Schafe gelten als sehr friedlich, sie leben in großen Gruppen und werden deshalb auch als **„Herdentiere"** bezeichnet. Manche dieser Tiere tragen Hörner auf dem Kopf und jeder kennt ihr charakteristisches Blöken und Meckern. Schon Kleinstkinder imitieren das fröhlich klingende „Mäh!" gern. Schafe sind reine Vegetarier und fressen am liebsten frisches, saftiges Gras. Sie sehen und riechen ausgesprochen gut und haben einen hervorragenden Nässeschutz, der es ihnen auch bei strömendem Niederschlag ermöglicht, warm und trocken zu bleiben. Dies erreichen die Schafe, indem ihre Hautdrüsen ein Fett, das sogenannte „Lanolin" produzieren. Das **Fell** fühlt sich dadurch fettig an. In der kalten Jahreszeit leben die Tiere im Stall und bekommen Heu und Stroh zum Fressen. Sobald es wieder wärmer wird, findet man die Schafe dann draußen auf der Weide.

Auf der Weide fühlen sich Schafe am wohlsten.

Eine Geschichte berichtet vom Scheren der Schafe und die Kinder erfahren Wissenswertes über das Leben dieser Tiere.

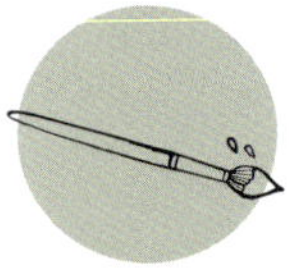

Die Kinder malen, rollen, schneiden und kleben eine tolle Schafsweide und schulen dabei ihre Auge-Hand-Koordination und Feinmotorik.

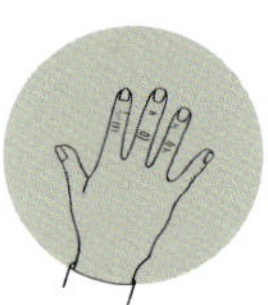

Ein lustiges Fingerspiel fördert die Sprachentwicklung und die Koordination der Kleinen.

Ein fröhliches Lied erzählt vom kleinen Schaf und fördert die Musikalität der Kinder.

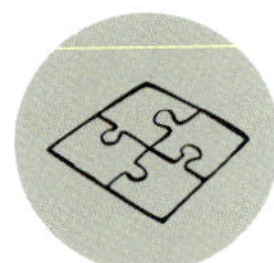

Bei einem lustigen Spiel schulen die Kleinen ihren taktilen Sinn.

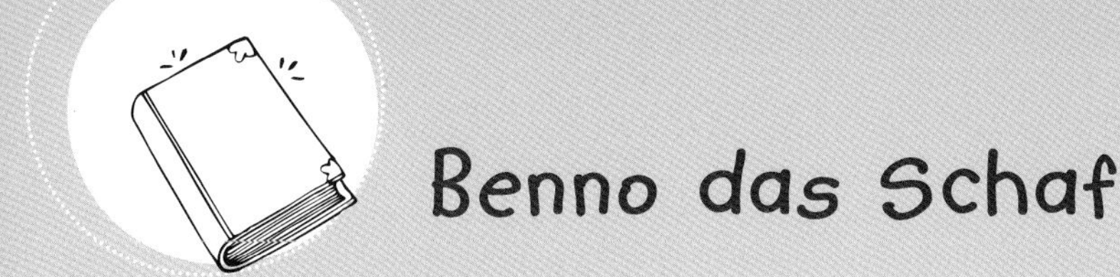

Benno das Schaf

➥ Anleitung siehe S. 5

Diese Requisiten brauchen Sie:

- ✓ Tom (Figur oder aus Papier)
- ✓ Sonne (aus Papier)
- ✓ Weide (grünes Tuch)
- ✓ Schermaschine (Bauklotz o. Ä.)
- ✓ Schafe + Benno (Figuren oder aus Papier)
- ✓ Wolle (Schafwolle oder Märchenwolle)
- ✓ Sack (kleiner Jutesack o. Ä.)

Die Geschichte

Bauer **Tom** hat heute wieder viel zu tun. Er muss zu den Schafen auf die **Weide** fahren. Diese haben vor dem Winter ein dickes Fell bekommen, damit sie nicht frieren müssen. Aber jetzt ist es Frühling und die **Sonne** scheint. Mit ihrem Fell schwitzen die Tiere und deshalb wird es heute abgeschnitten. Tom macht das mit einer Maschine, die leise brummt, wenn man sie einschaltet. Das tut den Schafen nicht weh, es kitzelt nur ein bisschen. Die **Schafe** warten bereits auf Tom. Der nimmt seinen Schaffellabschneideapparat zur Hand, der eigentlich **Schermaschine** heißt, und los geht's. Als alle Tiere an der Reihe waren, steht noch ein einziges Schaf auf der Weide. „So, **Benno**, jetzt bist du dran", sagt Tom. – „Mäh, mäh!", blökt das Schaf. „Jetzt komm schon her. Es tut doch gar nicht weh." Aber Benno denkt überhaupt nicht daran. Stur bleibt er stehen und rührt sich kein bisschen. „Benno!", ruft Tom etwas lauter. „Jetzt stell dich nicht so an. Fell abschneiden ist doch gar nicht schlimm." Aber Benno stellt sich an. Und wie er sich anstellt. Er dreht dem Bauer einfach den Rücken zu und frisst weiter Gras. „Also, wenn du jetzt nicht herkommst, Benno, dann muss ich dich holen", mahnt Tom. Aber auch diese Androhung kümmert Benno nicht. Und so bleibt dem Bauer nichts anderes übrig, als das Schaf zu holen. Doch das ist schwerer als gedacht. Als Benno den Bauern sieht, rennt er einfach davon. „Bleib stehen!", brüllt Tom und flitzt ihm hinterher. Doch das Schaf ist schnell und Tom gelingt es einfach nicht, es einzuholen. „Du bleibst jetzt sofort stehen! Hast du mich verstanden?", keucht dieser und kriegt kaum Luft. Schafe einzufangen, ist nämlich ganz schön anstrengend. Aber Benno hört ihm gar nicht zu. „Mäh, Mäh!", blökt er und saust einfach weiter. – „Na gut", gibt Tom irgendwann nach und bleibt stehen. „Du hast gewonnen. Hast du gehört, Benno? Ich gebe auf. Du bist einfach zu schnell für mich." Doch kaum, dass der Bauer stehen bleibt, hält auch das Schaf an und schaut ihn verdutzt an. Auf diesen Moment hat Tom gewartet. Mit einem Satz springt er auf Benno zu und hält ihn an den Hinterbeinen fest. „Hab ich dich!" – „Mäh, mäh", jammert das Schaf und wehrt sich mit aller Kraft. Doch ganz gleich, wie sehr es auch zappelt, der Bauer hält es fest umklammert. „Jetzt stell dich nicht so an, Benno. Sieh doch, alle Schafe schauen dich an." Und damit hat er recht. Unzählige Schafe haben Tom und Benno umringt und beobachten verwundert das Treiben. „Es geht auch ganz schnell, versprochen", sagt Tom und greift sich die Schermaschine. Und tatsächlich, nach kurzer Zeit ist die ganze **Wolle** ab. „Das wars. Und? War es jetzt schlimm?" Aber Benno antwortet nicht, sondern rennt, so schnell wie er kann, davon. Tom schüttelt den Kopf. Dann sammelt er die Wolle ein und stopft sie in einen großen **Sack**. „Bis zum nächsten Mal, Benno!" ruft er seinem Schaf zu und lacht. „Mäh", klingt es von der Weide herüber und Tom weiß, dass Benno auch beim nächsten Mal wieder alles versuchen wird, um vor der Schermaschine zu fliehen.

Schafweide

Material:

- weißer Fotokarton (ca. DIN A3)
- Farbrolle
- grüne Fingerfarbe
- weißer, schwarzer, roter Tonkarton
- 1 Wattepad pro Kind
- Locher
- Schere
- Klebstoff

Zusätzlich für ein schwarzes Schaf:

- schwarze Wasserfarbe
- Becher
- Pinsel
- Teller (oder andere wasserfeste Unterlage)

Zuerst wird die grüne Weide gestaltet.

Durchführung:

Für die Weide:
Die Kinder färben mit der Farbrolle und der grünen Fingerfarbe den Fotokarton ein und lassen ihn (über Nacht) trocknen. Sollte die Farbe zu dickflüssig sein, rühren Sie diese mit etwas Wasser und einem Pinsel flüssiger an.

Für ein weißes Schaf:
Bereiten Sie für den Kopf ein weißes Quadrat vor (3,5 x 3,5 cm), für die Augen einen schwarzen Streifen (1 cm), für den Mund einen roten Kreis (1,5 cm), für die Ohren zwei weiße Rechtecke (1,5 x 3 cm) und für die Beine einen weißen Streifen (16 x 1 cm). Legen Sie ein Wattepad für den Bauch bereit.

Die Kleinen schneiden am Kopf alle vier Ecken ab. Vom schwarzen Streifen schneiden sie zwei Stücke als Augen ab und kleben weiße Locherpunkte als Pupillen auf. Den Kreis halbieren sie und verwenden eine Hälfte als Mund. An den Ohren schneiden die Kinder auf jeweils einer schmalen Seite beide Ecken ab. Die Einzelteile des Gesichtes setzen sie mit Klebstoff zusammen. Einen schwarzen Locherpunkt befestigen sie als Nase. Den weißen Streifen schneiden sie in vier Teile und befestigen diese als Beine am Wattepad. Bauch und Kopf kleben die Kleinen dann auf ihre Schafweide auf.

Mein weißes Schaf wird toll.

Für ein schwarzes Schaf:
Sie benötigen die gleichen Teile wie oben, nur dass die weißen Papierteile durch schwarze ersetzt werden müssen. Rühren Sie in einem Becher Wasser mit schwarzer Wasserfarbe an und legen Sie ein Wattepad auf den Teller. Die Kinder betupfen dieses mit der Farbwassermischung und einem Pinsel, bis es sich vollständig schwarz gefärbt hat. Anschließend lassen sie es über Nacht trocknen. Am nächsten Tag können die Kleinen ihr Schaf fertig gestalten und ebenfalls auf der Weide anbringen.

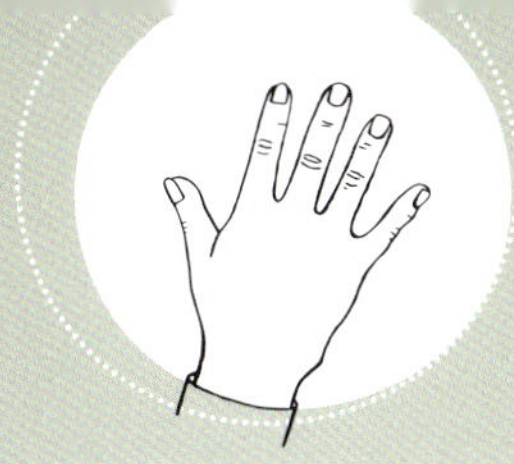

Mama Schaf ist aufgewacht

Verse sprechen …	**Finger spielen …**
Mama Schaf ist aufgewacht, Bauer Tom hat Heu gebracht.	Gähnen; imaginäres Heu werfen
„Mäh!“, ruft sie, bedankt sich brav, da erwacht auch Papa Schaf.	„Mäh!“ rufen; Arme und Beine recken und strecken
„Mäh!“ blökt er, so laut er kann, damit es jeder hören kann.	Laut „Mäh!“ rufen
Und dann macht das kleine Lamm, die Augen auf und schaut Tom an.	Augen reiben
„Mäh“ macht es im Sonnenschein, nur ganz leis, es ist noch klein.	Leise „Mäh“ sagen
Sie alle fressen ohne Scheu, das von Tom gebrachte Heu.	Kaubewegungen ausführen

Die Lämmchen erfreuen sich im Sonnenschein.

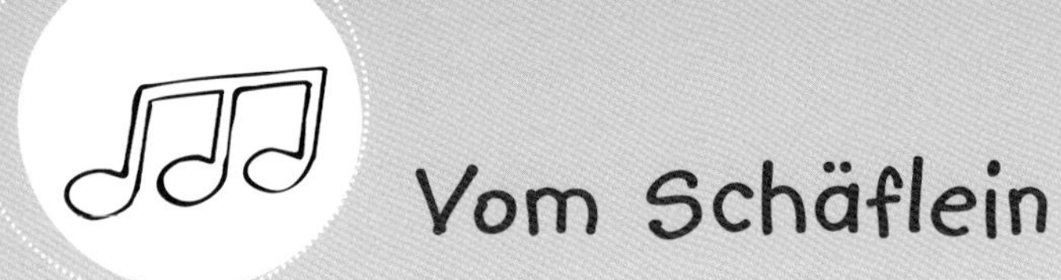

Vom Schäflein

Melodie: traditionell, „Es klappert die Mühle" | **Text:** Eva Danner

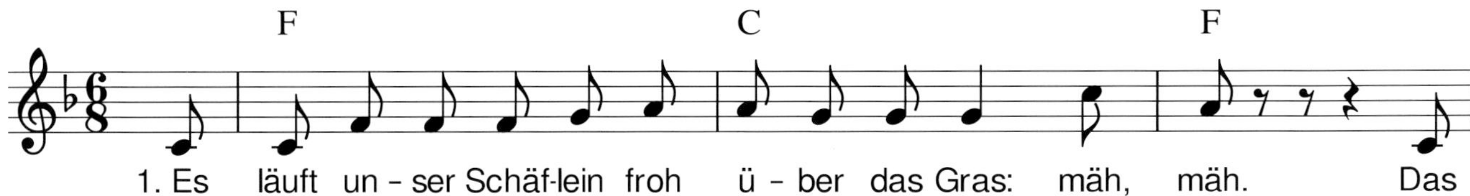

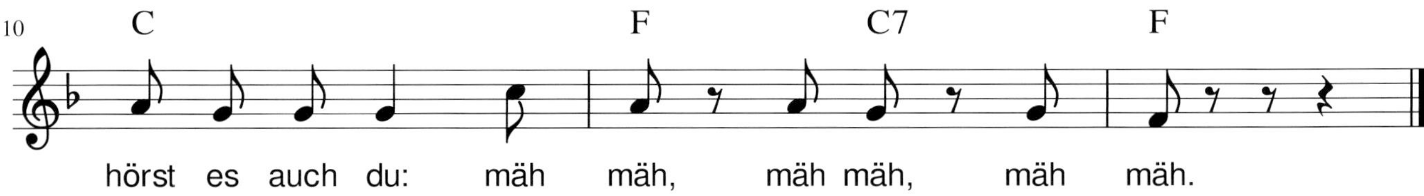

2.

Das Schäflein hat Wolle,
die ist weich und weiß: mäh, mäh.
Jetzt läuft es zu dir
und es blökt dabei leis: mäh, mäh.
Sein Fell, das ist kuschlig,
sein Fell, das ist schön,
und wenn du es siehst,
ja, dann bleib einfach stehn:
mäh, mäh, mäh, mäh, mäh, mäh.

3.

Und wird es dann Abend,
dann geht unser Schaf – mäh, mäh –
zurück in den Stall
und da ist es ganz brav: mäh, mäh.
Dort kuschelt es sich dann gemütlich ins Stroh,
liegt bei seiner Mama und ruft dabei froh:
mäh, mäh, mäh, mäh, mäh, mäh.

Wo hat sich das Lamm versteckt?

Material:

- ✓ 1 leerer Pappkarton mit Deckel
- ✓ Stoff
- ✓ Nadel und Faden
- ✓ Tacker
- ✓ Kunstfell oder echte Schafwolle
- ✓ Schere
- ✓ Papier oder Klebefolie zum Verzieren
- ✓ Klebstoff
- ✓ kleines Stoffschaf

So stellen Sie das Spiel her:

Schneiden Sie in den Kartondeckel eine Öffnung hinein, durch welche die Kinder später den Inhalt erfühlen können. Aus dem Stoff nähen Sie einen „Schlauch", der auf einer Seite mit dem Tacker am Karton befestigt wird. Die Größe des Schlauches richtet sich nach dem Durchmesser der Deckelöffnung. Natürlich können Sie die Kiste auch ohne Stoffschlauch verwenden. Zum Verschönern des Pappkartons bekleben Sie diesen mit Papier Ihrer Wahl oder Sie verwenden Klebefolie. Schneiden Sie aus dem Kunstfell mehrere Stücke zu und legen Sie diese in den Karton. Zuletzt verstecken Sie das kleine Stoffschaf darin, schließen den Deckel und der Spielspaß kann beginnen.

So wird gespielt:

Erzählen Sie den Kindern, dass sich das kleine Lamm in der Kiste versteckt hat. Fassen Sie zunächst hinein und ziehen Sie das Schäfchen heraus. Dann verstecken Sie dieses erneut und die Kinder sind an der Reihe. Bitten Sie diese nun, ebenfalls durch die Öffnung zu fassen und das kleine Lamm herauszuholen. Doch das Lämmchen hat sich gut versteckt und vermutlich ziehen die Kinder zunächst eines der Fellstücke heraus, die sich ebenso weich anfühlen wie das Schaffell selbst. Man muss nämlich ganz genau fühlen, um herauszufinden, was ein Fellstück und was das Lamm ist.

Ein tolles Spiel, das den Kindern nicht nur viel Freude macht, sondern ganz nebenbei auch den taktilen Sinn anregt. Probieren Sie es aus!

„Oing" macht das Schwein

Hausschweine sind **Säugetiere** und es gibt viele verschiedene Rassen. Sie zählen zu den ältesten Haustieren der Menschen und werden von ihnen für die **Fleischproduktion** als Nutztiere gehalten. Das weibliche Schwein nennt man Sau, das männliche Tier wird als Eber bezeichnet, der mit seinen spitzen Stoßzähnen gut zu erkennen ist. Jungtiere werden bis zu einem Gewicht von 25 kg als Ferkel bezeichnet und sehen mit ihrer meist rosa Haut sehr niedlich aus. Schweine sind sehr gesellige Tiere und leben in Gruppen („Rotten") zusammen. Jeder kennt ihr typisches Quieken und Grunzen und auch ihre Optik ist unverwechselbar, mit dem großen Kopf, dem kurzen Hals und den vier kurzen, stämmigen Beinen. Außerdem besitzen die Tiere eine bewegliche Schnauze, auch Rüssel genannt, und spitze Ohren. Mit ihren recht kleinen Augen können Schweine nur schlecht sehen, dafür riechen und hören sie umso besser. Lustig sieht auch der kleine Ringelschwanz aus. Ausgewachsene Tiere können ein Gewicht von bis zu 150 kg erreichen und die Weibchen bringen in der Regel 2-mal im Jahr ihre Jungen zur Welt. Dabei ist es keine Seltenheit, dass ein Muttertier bis zu 16 Ferkel zur Welt bringt. Schweine sind Allesfresser und meistens hungrig. Sie lieben es, sich in der Erde und im Schlamm zu **suhlen**, was bei heißen Temperaturen zur Kühlung des Körpers beiträgt und zusätzlich Ungeziefer entfernt.

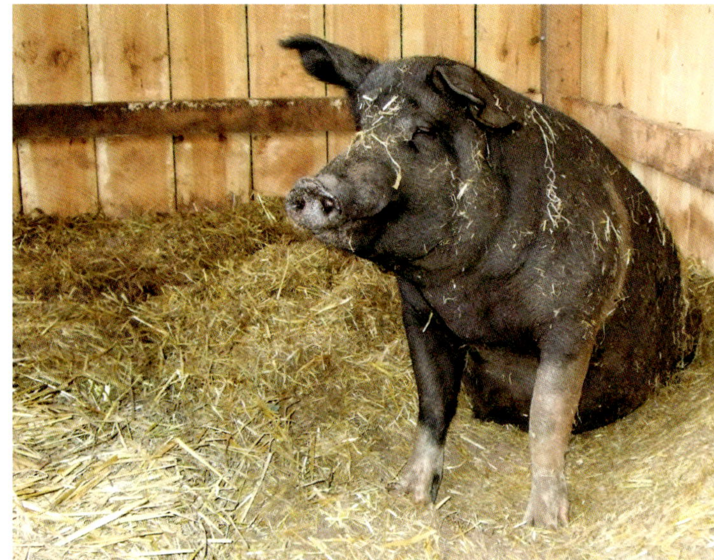

Im Stall fühlen sich die Tiere sauwohl.

Eine Geschichte erzählt vom Leben der Schweine und die Kinder erfahren, was diese bei Hitze gern tun.

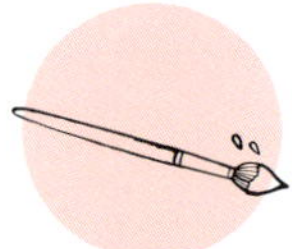

Aus einem Pappteller, Farbe und Papier entsteht ein rosa Schwein und die Kleinen schulen ihre Feinmotorik.

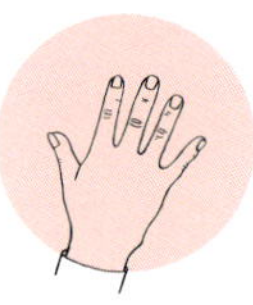

Bei einem Fingerspiel fördern die Kinder ihre Sprachentwicklung und Koordination.

Ein lustiges Lied berichtet vom Leben der Schweine und regt die Kleinen zum Mitsingen an.

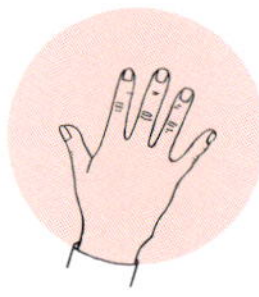

Die Kinder können mit Matsch spielen und experimentieren und dabei taktile Erfahrungen sammeln.

Das Schwein Sieglinde

➥ Anleitung siehe S. 5

Diese Requisiten brauchen Sie:

- ✓ Tom/Ella (Figuren oder aus Papier)
- ✓ Sonne (aus Papier)
- ✓ Schweine (Figuren oder aus Papier) Schweinebabys (aus Papier oder Figuren)
- ✓ Bäume (aus Papier)
- ✓ Wiese (grünes Tuch)
- ✓ Matsch (braunes Tuch)
- ✓ Stall (konstruieren)
- ✓ Stroh
- ✓ Wasserschlauch (Chenilledraht o. Ä.)
- ✓ Tropfen (braune Locherpunkte)
- ✓ Badeteich (blaues Tuch)

Die Geschichte

Es ist ein heißer Tag und die **Sonne** scheint schon seit dem frühen Morgen. Wer kann, sucht sich ein gemütliches Plätzchen zum Ausruhen. Die **Schweine** sind auf der **Wiese** und liegen im Schatten der **Bäume** oder suhlen sich im **Matsch**. Der kühlt bei Hitze und die Schweine fühlen sich dann wohler. Bei einigen Schweinen hängen die Ohren so weit nach vorn, dass es aussieht, als hätten sie eine Sonnenmütze auf dem Kopf, was bei der Hitze ja nicht schaden kann. Tom hat ihnen bereits Futter und Wasser gebracht. Heute hat er ihnen doppelt so viel Wasser gegeben, denn wenn es so heiß ist, müssen die Tiere viel trinken. „Na euch geht's ja gut!", ruft **Tom** ihnen zu. Er und **Ella** sind auf dem Weg zum Schweinestall. Sie möchten nach dem Schwein Sieglinde sehen, die gerade Mama von zehn kleinen Ferkeln geworden ist. Im **Stall** angekommen, sitzt **Sieglinde** im weichen **Stroh** und alle zehn **Schweinebabys** liegen bei ihr. „Hallo, Sieglinde", begrüßt Tom sie und die Schweinemama grunzt freundlich. Er und Ella knien sich neben die Schweine ins Stroh und streicheln den Ferkeln über die Köpfe. „Ihr seid wirklich sehr süß", schmunzelt Ella. Nach einer Weile müssen sie jedoch los. „Wir kommen morgen wieder", sagt Tom. Als er über die **Wiese** läuft, bemerkt er, dass das Matschloch beinahe ausgetrocknet ist. Und weil er möchte, dass es seinen Tieren gut geht, holt er den **Wasserschlauch** und füllt diesen bis zum Rand mit frischem Wasser auf. Sofort rennen die Schweine herbei. „Halt!", ruft Tom ihnen noch zu. Doch es ist zu spät. Dem armen Bauer bleibt keine Zeit, sich in Sicherheit zu bringen. Die Schweine springen von allen Seiten in das Loch hinein, dass es nur so spritzt. Der Matsch fliegt überall herum und im Nu ist Tom von Kopf bis Fuß braun. Unzählige winzige **Tropfen** verteilen sich auf seinen Haaren, seinen Kleidern und Stiefeln und sogar in seinem Gesicht. „Ach, du meine Güte! Was macht ihr denn da?" Die Schweine grunzen und quieken vor Vergnügen. Das würde Sieglinde sicher auch gefallen, denkt Tom und gerade in diesem Augenblick streckt sie ihren Kopf aus dem Stall heraus. Und mit ihr kommen alle zehn Ferkel herausgelaufen. „Ihr habt wohl die Aufregung hier draußen gehört", sagt Tom. Dann nimmt er noch einmal seinen Wasserschlauch und befeuchtet damit ein Stück der Wiese. Das Gras ist im Nu nass und die kleinen Schweinebabys legen sich hinein und wälzen sich fröhlich herum. Jetzt haben sie ihren eigenen kleinen **Badeteich**. Sieglinde legt sich daneben und genießt ebenfalls die willkommene Abkühlung. Tom bringt den Schlauch weg und schaut an sich herunter. Jetzt muss er lachen. „Ich sehe aus wie ein Ferkel", schmunzelt er. „Aber ich muss zugeben, der Matsch hilft tatsächlich gegen die Hitze." Doch weil ein Bauer bei Hitze nun mal nicht ins Matschloch hüpft, muss er zurück zum Bauernhaus und sich waschen. „Macht's gut!", ruft er seinen Tieren zu. „Und viel Spaß noch beim Baden!" Und dann verlässt er einen fröhlich quiekenden und lustig grunzenden Schweinehaufen.

Schwein

Material:

- 1 Pappteller pro Kind (Durchmesser ca. 18 cm)
- rosa Fingerfarbe
- Pinsel
- rosa, pinker, weißer, schwarzer Tonkarton
- rosa Chenilledraht
- Bleistift
- Schere
- Locher
- Lochzange
- Klebstoff

So sieht ein fertiges Tellerschwein aus.

Durchführung:

Für den Bauch:
Die Kinder bemalen den Teller mit rosa Fingerfarbe und lassen ihn anschließend (über Nacht) trocknen.

Sorgfältig wird der Teller mit Farbe bestrichen.

Für den Kopf:
Bereiten Sie für den Kopf ein rosa Quadrat vor (10 x 10 cm), für die Augen einen weißen Streifen (1,5 cm), für die Nase ein pinkes Quadrat (3 x 3 cm), für den Mund einen pinken Kreis (2,5 cm) und für die Ohren zwei rosa Rechtecke (3 x 5 cm). Die Kleinen schneiden am Kopf alle vier Ecken ab. Vom weißen Streifen schneiden sie zwei Stücke als Augen ab und kleben schwarze Locherpunkte als Pupillen auf. An der Nase schneiden die Kinder alle vier Ecken ab und befestigen zwei schwarze Locherpunkte als Nasenlöcher darauf. Den Kreis halbieren sie und verwenden eine Hälfte als Mund. Die Ohren schneiden sie auf jeweils einer schmalen Seite spitz zu. Die Einzelteile des Gesichtes setzen die Kinder mit Klebstoff zusammen.

Konzentriert werden die Schweine gebastelt.

Für Beine und Schwanz:
Schneiden Sie vier rosa Quadrate (3,5 x 3,5 cm) zu. Die Kinder schneiden die Quadrate auf jeweils einer Seite schräg zu und verwenden diese als Beine. Kopf und Beine befestigen sie mit Klebstoff am Bauch. Für den Schwanz wickeln die Kinder mit Ihrer Hilfe einen rosa Chenilledraht um einen Bleistift. Den Schwanz fixieren Sie am Pappteller, indem Sie mithilfe der Lochzange ein Loch hineinstanzen, den Draht durchfädeln und ihn leicht festdrehen.

Tipp:

Wenn Sie keinen Chenilledraht haben, können Sie auch rosa Kräuselband verwenden.

Fünf Schweine

Verse sprechen …	Finger spielen …
Fünf Schweine, ja wer hätt's gedacht? Die sind gerade aufgewacht.	Fünf Finger einer Hand zeigen; gähnen
Das erste Schwein, es grunzt und quiekt, hat denn jemand es gepikt?	Daumen zeigen; Zeigefinger berührt den Popo
Das zweite springt mit lautem Platsch mitten in den braunen Matsch.	Daumen und Zeigefinger zeigen; mit Händen einmal auf Oberschenkel patschen
Das dritte Schwein, es isst und kaut.	Daumen, Zeige- und Mittelfinger zeigen; Kaubewegungen ausführen
Das vierte, ja, das grunzt ganz laut.	Daumen, Zeige- Mittel- und Ringfinger zeigen; grunzen
Das fünfte ist das kleinste Schwein und liegt so gern im Sonnenschein,	Fünf Finger einer Hand zeigen; mit dem kleinen Finger wackeln
genießt das Leben, ach wie toll, ein Schwein zu sein, ist wundervoll.	Finger einer Hand spreizen (= Sonne); sich strecken

Ein tolles Fingerspiel!

Sieh das kleine Schwein mal an

Melodie: traditionell, „Oh, du lieber Augustin" | **Text:** Eva Danner

2.

Sieh das kleine Schwein mal an,
Schwein mal an, Schwein mal an.
Sieh das kleine Schwein mal an,
was es schon kann.
Es springt bei Sonnenschein
gern in den Matsch hinein.
Sieh das kleine Schwein mal an,
was es schon kann.

3.

Sieh das kleine Schwein mal an,
Schwein mal an, Schwein mal an.
Sieh das kleine Schwein mal an,
was es schon kann.
Geht in den Stall zurück,
träumt dort vom großen Glück.
Sieh das kleine Schwein mal an,
was es schon kann.

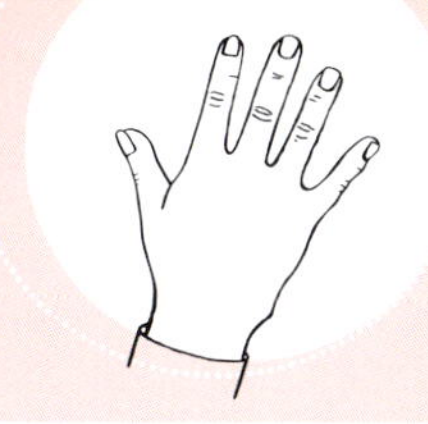

Matschwanne

Schweine lieben es, sich im Matsch zu suhlen, da dieser sie reinigt und ihre empfindliche Haut kühlt. Kinder mögen es in der Regel ebenfalls, im Matsch zu spielen und sinnliche Erfahrungen mit der feuchten Masse zu sammeln. Ganz nebenbei wird der taktile Sinn angeregt, da die Kleinen den körnigen Sand und das kühle Wasser intensiv spüren können. Deshalb bietet es sich an, gerade in der warmen Jahreszeit, eine kleine Matschwanne in den Garten zu stellen, an der die Kinder nach Herzenslust matschen und spielen können. Achten Sie bitte darauf, einen geeigneten Schattenplatz als Standort auszuwählen, damit einem herrlichen Spielspaß nichts im Wege steht.

Gut geeignet ist hierzu eine flache **Plastikwanne**, die Sie mit **Sand** füllen. Doch Sand allein ist noch lange kein Matsch. Hierzu wird jede Menge Wasser benötigt. Und dabei können Ihre Jüngsten mithelfen. Mit kleinen **Gießkannen** dürfen die Kinder nun das **Wasser** zum Sand geben. Die Kleinen gießen so viel Wasser hinzu, bis sich kleine Wasserlachen in der Wanne bilden. Jetzt beginnt das eigentliche Spielen mit der Matschwanne:

Die Kinder können nach Herzenslust mit den Händen den Sand, das Wasser und den entstandenen Matsch fühlen.

Vielleicht wagen sich Ihre Kleinen zunächst nur zaghaft mit einzelnen Fingern heran, aber Sie werden feststellen, dass es nicht lange dauert, und die Kinder matschen kräftig mit den Händen darin herum.

Der nasse Sand ist wunderbar formbar und kann auf kleine Häufchen geschichtet oder zu Kugeln geformt werden.

Die Hände sind dabei immer gut gekühlt, was bei heißen Sommertemperaturen sehr angenehm und den Schweinen gar nicht so unähnlich ist. Schließlich genießen auch diese das Schlammbad zum Kühlen in der Sommerhitze.

Spielen mit Matsch ist klasse!

„Iah" macht der Esel

Esel gehören zur **Familie der Pferde** und zählen somit zu den Säugetieren. Es gibt relativ wenige Rassen und oftmals haben die Tiere ein graues oder braunes Fell. Unverwechselbar sind auch ihr großer Kopf und die großen Ohren. Die Tiere können ein Alter von bis zu 40 Jahren erreichen und wurden schon vor etwa 5000 Jahren als **Last- und Reittiere** eingesetzt. Esel können große Lasten tragen, wie beispielsweise schwere Getreidesäcke, transportieren Menschen auf ihrem Rücken und sind selbst in unwegsamem Gelände, im Gebirge oder auf schmalen Wegen geschickt und wendig. Sie sind vorsichtige und kluge Tiere und kommen selbst mit wenig Nahrung aus. Die genügsamen Tiere benötigen neben frischem Wasser meist nur Heu und Stroh zum Fressen. Esel sind gesellig und leben gern mit mehreren Tieren zusammen, vorzugsweise auf der Weide und im Stall. Hin und wieder sollte man ihr Fell bürsten und auch das regelmäßige Schneiden der Hufe nicht vergessen. Kinder kennen den **typischen Ruf** der Tiere, wenn sie lauthals „Iah" rufen. Die Tiere können enorm laut schreien und man kann sie über weite Entfernungen hören.

Esel sind sehr genügsam.

Eine Geschichte erzählt von Esel Emil und die Kinder erfahren etwas über die Eigenheiten dieser Tiere.

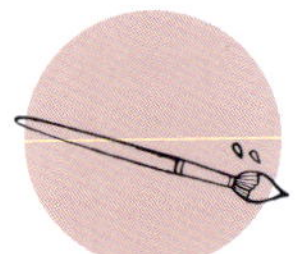

Jedes Kind darf einen kleinen Esel basteln und schult dabei Feinmotorik und Fingerfertigkeit.

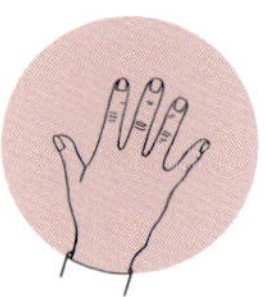

Ein lustiges Fingerspiel erzählt von fünf Eseln und fördert die Sprachentwicklung und Koordination der Kinder.

Ein Lied berichtet von den Besonderheiten der Esel und fördert die Musikalität der Kleinen.

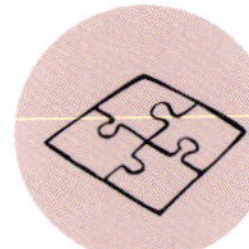

Lustige Rätselreime schulen die kognitive Entwicklung der Kinder und machen viel Spaß.

Der Esel Emil

➥ Anleitung siehe S. 5

Diese Requisiten brauchen Sie:

- ✓ Tom (Figur oder aus Papier)
- ✓ Emil (Figur oder aus Papier)
- ✓ Weide (grünes Tuch)
- ✓ Schafe (Figuren oder aus Papier)
- ✓ Weidezaun (aus Papier oder konstruieren)
- ✓ Bürste (kleine Handbürste o. Ä.)
- ✓ Stall (braunes Tuch mit Stroh auslegen)
- ✓ Gebüsch (aus Papier oder Blätterhaufen)
- ✓ Lamm (Figur oder aus Papier)
- ✓ Eimer (Spielzeug) und Inhalt (aus dem Kaufmannsladen)

Die Geschichte

Tom ist auf dem Weg zu seinem Esel **Emil**. Emil ist alt und wohnt schon lange auf dem Bauernhof. Er und Tom sind richtige Freude in all den Jahren geworden. Emil lebt dort zusammen mit den **Schafen**. Obwohl diese viel kleiner sind als er, kommen sie prima miteinander aus. Als der Bauer die **Weide** erreicht, wartet Emil bereits auf ihn. „Iah, iah!", begrüßt er ihn und läuft zum **Weidezaun**. Früher, als Tom noch keinen Traktor hatte, hat Emil ihm oft geholfen, die Getreidesäcke zu tragen. Aber jetzt ist er alt und kann nicht mehr so schwere Lasten schleppen. Tom begrüßt seinen vierbeinigen Freund herzlich und streichelt ihn erst einmal ausgiebig. „Schön, dich zu sehen, mein Lieber." – „Iah, iah!", ruft Emil. „Heute müssen wir mal wieder dein Fell bürsten, damit es schön aussieht", sagt Tom und holt eine **Bürste** aus dem **Stall**. Im Stall hat Emil ein gemütliches Lager aus Stroh, wo er die Nacht verbringt oder verweilt, wenn es mal regnet. Der Esel liebt es, wenn Tom sein Fell bürstet und hält immer ganz still. „Das magst du, habe ich recht?", lacht Tom. – „Iah!", schreit der Esel. Plötzlich raschelt es im **Gebüsch** und alle Schafe rennen in den Stall. „Mäh, mäh!", rufen sie ängstlich und verstecken sich. Nicht so Emil. Der Esel bleibt stehen. Das machen Esel so. Sie rennen nicht einfach davon, sondern wollen erst einmal nachschauen, was los ist. Langsam geht er auf den Busch zu. „Warte, Emil", flüstert Tom. Doch der Esel hört nicht auf ihn. Er geht näher heran, als es erneut raschelt. Mutig streckt er seinen Kopf mitten in den Busch hinein. „Nicht!", ruft Tom. Doch da ist bereits zu spät. Der Eselskopf steckt mitten im Blätterbusch. Und dann hört Tom ein Geräusch. „Mäh, mäh", macht es und dann kommt ein winziges **Lamm** zum Vorschein. Es steckt mit seinem Fuß zwischen den Ästen fest. „Oh nein!", ruft Tom. „Es ist Lotte!" – „Mäh, mäh", macht das Lamm und Tom zieht behutsam Lottes Fuß heraus. „Emil", lobt er seinen Freund. „Zum Glück hast du das kleine Lamm entdeckt. Wer weiß, wie lange es hier schon feststeckt und keiner hat es bemerkt." Dann nimmt er Lotte vorsichtig auf den Arm. „Ich bringe dich jetzt zu deiner Mama", sagt er und betritt den Stall. „Seht mal, wer hier ist", sagt er und setzt das Lamm ins weiche Stroh. Sogleich eilt die Schafmama herbei. „Määääh!", ruft sie, was wohl so viel wie „Danke schön" heißt. „Emil hat sie gefunden", antwortet Tom und geht zurück zu seinem Freund. „Also, das war ganz große Klasse, mein Lieber! Du bist der mutigste Esel, den ich kenne." – „Iah, iah!", schreit Emil. – „Und zur Belohnung gibt es eine Überraschung." Dann holt Tom einen Eimer mit **Brot, Gemüse, Obst** und **Kartoffeln**. „Das hast du dir verdient", sagt der Bauer und streichelt dem Esel über den Kopf. „Lass es dir schmecken. Wir sehen uns morgen. Bis dann!"

Grauer Esel

Material:

- 1 Wattepad pro Kind
- grauer, weißer, schwarzer Tonkarton
- Schere
- Locher
- Klebstoff
- graue Schnur (alternativ: Wolle o. Ä.)
- Klebeband

Konzentriert wird der Kopf gebastelt …

Durchführung:

Für den Kopf:

Bereiten Sie für den Kopf ein graues Rechteck vor (6 x 8 cm), für die Augen einen weißen Streifen (1 cm), für die Ohren zwei graue Rechtecke (7 x 2 cm) und für den Hals einen grauen Streifen (4 cm). Legen Sie das Wattepad bereit. Die Kinder schneiden am Kopf auf einer schmalen Seite beide Ecken ab. Vom weißen Streifen schneiden sie zwei Stücke als Augen ab und kleben schwarze Locherpunkte als Pupillen auf. An den Ohren schneiden sie auf jeweils einer schmalen Seite beide Ecken ab und vom grauen Streifen ein Stück für den Hals. Die Einzelteile des Kopfes setzen die Kleinen mit Klebstoff zusammen. Dabei verwenden sie das Wattepad als Schnauze und kleben zwei schwarze Locherpunkte als Nasenlöcher auf.

… dann ist der Körper dran.

Für den Körper:

Schneiden Sie für den Bauch ein graues Rechteck zu (12 x 20 cm) sowie zwei graue Streifen (2,5 x 24 cm) für die Beine. Die Kinder schneiden am Bauch alle vier Ecken ab und die beiden Streifen mittig durch. Die entstandenen vier Hälften befestigen sie als Beine am Körper. Ein Stück Schnur fixieren die Kleinen mit etwas Klebeband von hinten am Bauch und befestigen diesen am Hals. Fertig ist ein fröhlicher Esel.

Fünf Esel

Verse sprechen …	Finger spielen …
Fünf Esel freun sich an der Welt und laufen fröhlich übers Feld.	Fünf Finger einer Hand zeigen
Der erste ruft, das ist ja klar, so laut er kann: „Iah! Iah!“	Daumen zeigen; „Iah“ rufen
Der zweite, der hat graues Fell, mit seinen Beinen rennt er schnell.	Daumen und Zeigefinger zeigen; stampfen
Der dritte, der hat große Ohren, mit ihnen hört er die Traktoren.	Daumen, Zeige- und Mittelfinger zeigen; Hände als Ohren an den Kopf halten
Der vierte springt, man glaubt es kaum, mit einem Satz hoch übern Zaun.	Daumen, Zeige-, Mittel- und Ringfinger zeigen; Handflächen patschen einmal auf die Oberschenkel
Der fünfte Esel, der ist klein und will am liebsten wieder heim.	Mit dem kleinen Finger wackeln; stampfen
Er kennt den Weg, welch großes Glück und läuft schnell in den Stall zurück.	Hände formen ein Dach

Mit den Fingern spielen macht Spaß!

Wenn die Esel früh aufwachen

Melodie: nach „Brüderchen, komm tanz mit mir" | **Text:** Eva Danner

2.

Haben auch ein graues Fell,
mit den Beinen sind sie schnell.
Alle rufen laut: „Iah!"
Viele Esel, die sind da!

3.

Esel fressen grünes Gras,
rennen gern nur so zum Spaß.
Alle rufen laut: „Iah!"
Viele Esel, die sind da!

4.

Mit den Ohren, das ist wahr,
hören sie ganz wunderbar.
Alle rufen laut: „Iah!"
Viele Esel, die sind da!

5.

Gibt's mal keinen Sonnenschein,
gehn sie in den Stall hinein.
Alle rufen laut: „Iah!"
Viele Esel, die sind da!

6.

Abends sind die Esel müd,
und vorbei ist unser Lied.
Niemand ruft nun mehr: „Iah!"
Keine Esel sind mehr da!

Wer bin ich?

Wer steht auf der Wiese und ruft immerzu
IAH, IAH! und gibt keine Ruh.
(Esel)

Pass gut auf und hör mal zu:
Welches Tier macht denn nur MUH?
(Kuh)

Dieses Tier hier ruft MIAU!
Wer es ist, weißt du genau.
(Katze)

Er steht hoch oben auf dem Mist.
Macht KIKERIKI! Weißt du, wer das ist?
(Hahn)

Jetzt macht es MÄH! Wer kann das sein?
Hör mal gut hin, dann fällt's dir ein.
(Schaf)

Dort ist ein Tier, ich hör's genau.
Springt froh umher, macht WAU, WAU, WAU!
(Hund)

Es steht im Stall, hört zu und schaut.
Wer kann das sein? Wer grunzt so laut?
OING, OING!
(Schwein)

Ein kleines Tier flitzt schnell durchs Gras.
Macht PIEP, PIEP, PIEP, wer ist denn das?
(Maus)

Und wer sitzt im Stroh, ist immer auf Zack?
Legt täglich ein Ei und macht GACK; GACK, GACK!
(Huhn)

Wer wiehert im Stall, macht HÜH und Galopp?
Man kann auf ihm reiten: hopp, hopp, hopp, hopp.
(Pferd)

Jetzt hör mal gut hin. Wie heißt dieses Tier?
Es macht QUAK, QUAK und watschelt zu dir.
(Ente)

Nun sag mir zum Schluss:
Welches Tier magst denn du?
Macht es MÄH, GACK, GACK, MIAU oder MUH?
(Jeder nennt sein Lieblingstier)

„Wuff" bellt der Hund

Hunde sind **Säugetiere** und stammen vom **Wolf** ab. Es gibt unzählige Rassen, die sich in Größe, Aussehen und Fellfarbe unterscheiden. Ihnen können verschiedene Aufgaben übertragen werden und sie werden unter anderem als **Wach-, Hüte-, Jagd-, Such- und Therapiehunde** eingesetzt. Der Hund wird oft auch als bester Freund des Menschen bezeichnet, denn er ist treu und folgsam und fühlt sich in der Nähe von Herrchen und Frauchen am wohlsten. Hunde sind wachsam und wittern bereits frühzeitig Gefahren. Alle Hunde haben einen ausgesprochen feinen Geruchssinn und hören ausgezeichnet. Sie können schnell laufen, gut schwimmen und teilen ihren Gemütszustand durch ihre Körperhaltung mit. So können sie beispielsweise die Zähne fletschen, mit dem Schwanz wedeln, ihn einziehen oder knurren. Hunde geben verschiedenste **Laute** von sich, wie knurren, heulen, fiepen oder winseln. Am bekanntesten und von Kleinkindern am meisten nachgeahmt ist zweifelsfrei das typische Bellen. Hunde haben einen sehr leichten Schlaf und wachen bei Geräuschen schnell auf. Sie sind sogenannte Allesfresser, die jedoch am liebsten Fleisch fressen. Alle Hunde brauchen viel Pflege und Zuwendung und natürlich ausreichend Auslauf und Bewegung.

Der beste Freund des Menschen.

Eine Geschichte erzählt vom Hofhund Harro und die Kinder erleben eine spannende Überraschung.

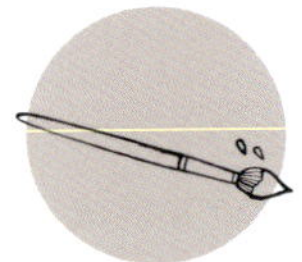

Aus Pappröhren, Farbe und Papier gestalten die Kleinen einen tollen Hund und fördern dabei ihre Feinmotorik.

Ein Fingerspiel erzählt vom Hund Harro und fördert die Sprachentwicklung der Kinder.

Ein fröhliches Lied fördert die Musikalität der Kleinen und animiert sie, Tierlaute nachzuahmen.

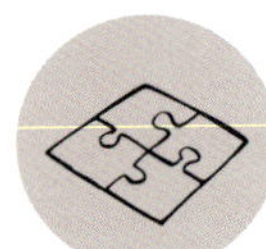

Bei einem tollen Hammerspiel fördern die Kinder ihre Koordination und Feinmotorik.

Harros neue Hütte

➥ Anleitung siehe S. 5

Diese Requisiten brauchen Sie:

- ✓ Tom (Figur oder aus Papier)
- ✓ Holz (kleine Holzlatten oder größere Bausteine)
- ✓ Nägel (z. B. Golfnägel o. Ä.)
- ✓ Hammer (von Hammerspiel oder Kinderwerkzeugkasten)
- ✓ Säge (Kinderwerkzeugkasten)
- ✓ Harro (Figur oder aus Papier)
- ✓ Hundehütte (konstruieren, alternativ: Karton)
- ✓ Weide (grünes Tuch)
- ✓ Baum (aus Papier)
- ✓ Gatter (konstruieren, z. B. mit Bauklötzen)
- ✓ Schafe/Isabelle/Lotte (Figuren oder aus Papier)

Die Geschichte

Tom hat heute etwas Besonderes vor. Er will eine neue Hundehütte für seinen Hund Harro bauen. Die alte ist nicht mehr so schön und im Dach sind kleine Löcher. Manchmal regnet es sogar hinein. Und eine Hundehütte, die nur bei Sonnenschein gemütlich ist, ist eine schlechte Hundehütte. Deshalb hat Tom alles dabei, was man zum Hundehütten-Bauen braucht: **Holz, Nägel,** eine **Säge** und einen **Hammer**. Mit dem Werkzeug macht er sich auf den Weg zu **Harro**. Der wartet bereits auf ihn. „Wuff, wuff!", bellt er zur Begrüßung und wedelt vor Freude mit dem Schwanz. – „Hallo Harro!", ruft Tom und streichelt diesen erst einmal ausgiebig. Harro lebt schon auf dem Bauernhof, seitdem er ein kleiner Welpe ist. „Heute bauen wir eine neue Hütte für dich. Freust du dich schon?" – „Wuff, wuff", macht Harro. Und dann legt Tom los. Er sägt und hämmert und hämmert und sägt. Es dauert eine ganze Weile, aber irgendwann ist es geschafft. Die **Hundehütte** ist fertig. „Na, wie gefällt dir dein neues Zuhause?" Harro springt aufgeregt umher und wedelt mit dem Schwanz. Offenbar gefällt ihm seine neue Hütte. „Leg dich mal rein. Mal sehen, ob sie auch gemütlich ist." Das lässt sich Harro nicht 2-mal sagen. Schwups liegt er drin und streckt die Beine aus. „Sie ist schön geworden", findet auch der Bauer. „Schade, dass ich nicht hineinpasse", lacht er. „Hast du Lust, einen Spaziergang zu machen? Ich muss nach Isabelle sehen." – „Wuff", bellt Harro und steht bei Fuß. Gemeinsam laufen sie zur Schafweide. Isabelle ist eines seiner Schafe und bekommt bald ein Baby. Als die beiden bei der **Weide** ankommen ist alles ruhig. Die **Schafe** liegen friedlich beisammen oder fressen Gras. Harro flitzt zum **Gatter** und schaut zwischen den Holzlatten hindurch. „Wuff, wuff!", bellt er plötzlich und Tom rennt schnell zu ihm. Dann sieht er **Isabelle**. Sie steht im Schatten eines **Baumes**. „Da bist du ja!", ruft Tom und öffnet das Gatter. Doch dann tritt das Schaf zur Seite und vor Tom und Harro steht ein winziges **Lamm** auf wackeligen Beinen. „Dein Baby!", ruft der Bauer aufgeregt. „Du hast dein Baby bekommen." – „Mäh", blökt das Lamm leise. Ganz still und heimlich hat Isabelle ihr Baby bekommen und keiner hat es bemerkt. Aber offensichtlich geht es beiden gut. „Sieh nur, Harro, wie klein es ist." – „Wuff, wuff", macht Harro und schnuppert an dem kleinen Lamm. Tom streichelt ihm über das Köpfchen. „Das hast du prima gemacht, Isabelle", lobt er sein Schaf. „Aber wir brauchen noch einen Namen für dein Baby. Wie wäre es mit Lotte?" – „Mäh", antwortet die Schafmutter. – „Der Name gefällt dir? Gut. Dann heißt dein Lamm nun Lotte. Aber jetzt lasse ich euch beide allein. Ihr braucht jetzt sicher Ruhe. Ich sehe später noch einmal nach euch. Komm, Harro!", ruft er seinem Begleiter zu und die beiden gehen zurück zum Hof. Harro saust sogleich in seine neue Hütte. „Wenn du willst, kannst du heute Abend mitkommen, wenn ich die Schafe von der Weide hole und in den Stall bringe. Dann sehen wir nach Isabelle und Lotte." – „Wuff", antwortet Harro und freut sich schon, wenn er Tom am Abend wieder zur Weide begleiten kann.

Hund Harro

Material:

- ✓ leere Toilettenpapierrolle
- ✓ Papprõhre (Durchmesser ca. 3 cm)
- ✓ Fingerfarbe: braun
- ✓ Pinsel
- ✓ Tonkarton: braun, weiß, schwarz, rot
- ✓ Schere
- ✓ Locher
- ✓ Klebstoff
- ✓ Bleistift
- ✓ Heißkleber
- ✓ Teppichmesser

Durchführung:

Für Kopf und Körper:
Schneiden Sie für den Kopf mithilfe des Teppichmessers ein Stück der Papprõhre (6 cm) ab und legen Sie die Toilettenpapierrolle bereit. Die Kinder bemalen beides mit brauner Fingerfarbe und lassen es trocknen (über Nacht).

Für das Gesicht:
Bereiten Sie für die Augen einen weißen Streifen (1 cm) vor, für die Zunge ein rotes Rechteck (1,5 x 4 cm) und für die Ohren zwei braune Rechtecke (2 x 5 cm). Die Kleinen schneiden vom weißen Streifen zwei Stücke als Augen ab und kleben schwarze Locherpunkte als Pupillen auf. An der Zunge sowie an den Ohren schneiden sie jeweils auf einer schmalen Seite beide Ecken ab.

Für Beine und Schwanz:
Schneiden Sie für die Beine zwei braune Streifen (1,5 x 10 cm) zu sowie ein Rechteck (5 x 2 cm) für den Schwanz. Die Kinder halbieren die Streifen und verwenden die entstandenen vier Stücke als Beine. Das Rechteck schneiden sie diagonal durch und verwenden eine Hälfte als Schwanz.

Fertigstellung:
Diesen Arbeitsschritt müssen Sie übernehmen, da er für die Kinder zu schwierig ist und Heißkleber benötigt wird, der nur in die Hände von Erwachsenen gehört. Zeichnen Sie mit dem Bleistift den Durchmesser der Toilettenpapierrolle zweimal, den der Papprõhre einmal auf braunen Tonkarton und schneiden Sie die drei Kreise aus. Befestigen Sie die beiden großen Kreise an der Toilettenpapierrolle, sodass diese auf beiden Seiten geschlossen ist, und den kleinen Kreis auf einer Seite der Papprõhre. Fixieren Sie den Kopf mit der geöffneten Seite nach vorn auf dem Bauch und kleben Sie Ohren, Augen, Beine und Schwanz an. Die Zunge ziehen Sie leicht über eine geschlossene Scherenschneide, sodass diese etwas gebogen ist, und fixieren sie in der dünnen Papprõhre. Fertig ist Harro.

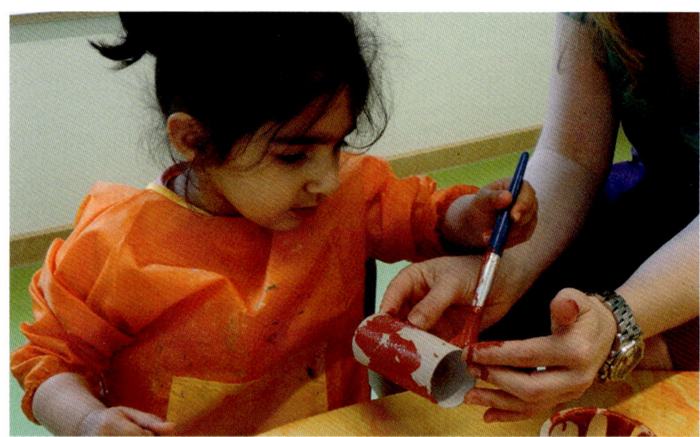

Sorgfältig werden die Papprõhren bemalt.

Nun wird geschnitten und geklebt.

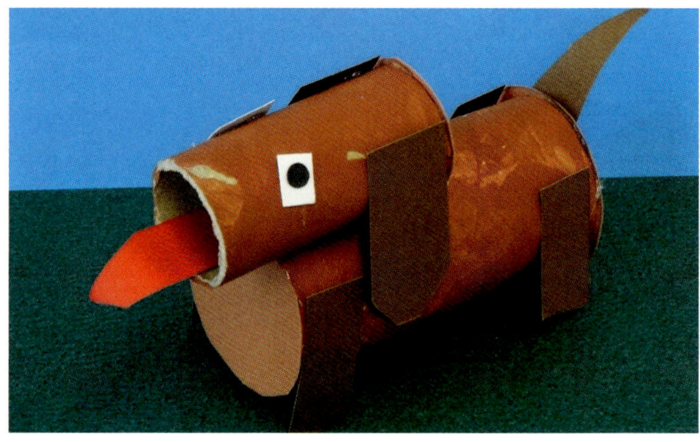

So sieht der fertige Hund aus.

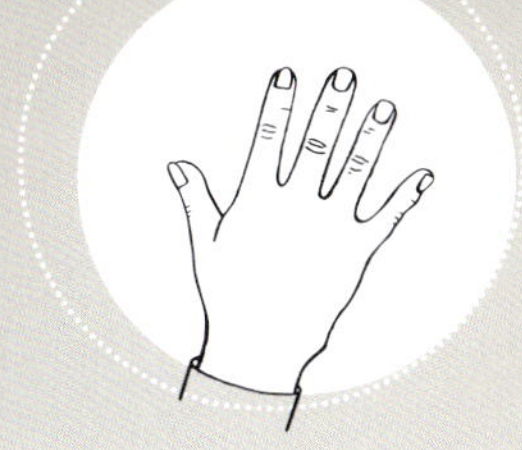

Harro, der Hund

Verse sprechen …	Finger spielen …
Bei Bauer Tom, ich hörs genau, da flüstert jemand leise: „Wau."	Hand hinter das Ohr halten; leise bellen
Ich gehe langsam näher ran, schon hör ichs wieder, sieh mal an.	Hände patschen auf Oberschenkel; Hand hinter das Ohr halten; etwas lauter bellen
Dann schleiche ich ganz nah heran, damit ich etwas sehen kann.	Mit den Armen „schleichen"; Hand beschattet Augen
Das Tier ist braun und hat vier Beine, und manchmal braucht es eine Leine.	Die Finger zählen „vier"; Hände halten eine virtuelle Leine fest
Ein weiches Fell, ein großer Mund, dieses Tier, es ist ein Hund.	Auf den Mund deuten; mit der Handfläche über den Körper streichen
Harro heißt er, bellt voll Freude, begrüßt so freundlich alle Leute.	Bellen

Hund Harro tollt über die Wiese.

Die Tiere haben Kinderlein

Melodie: traditionell, „Ein kleines, graues Eselchen" | **Text:** Eva Danner

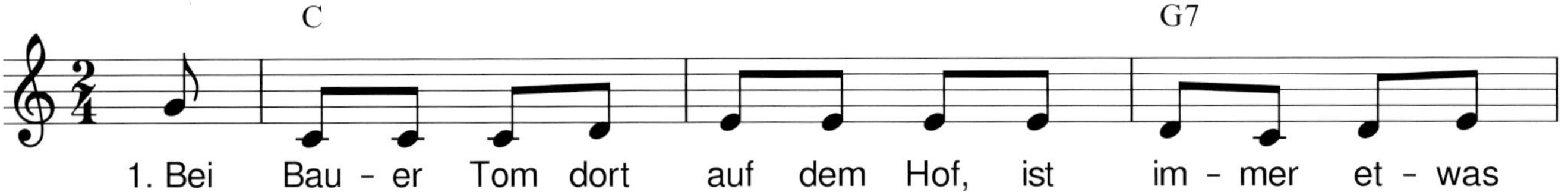

2.

Das Hündchen, es spaziert umher,
im warmen Sonnenschein.
Es bellt ganz leise: „Wau, wau,
wau", denn es ist ja noch klein.
Wau, wau. Wau, wau. Wau, wau,
wau, wau, wau, wau.

3.

Das Küken, es spaziert umher,
im warmen Sonnenschein.
Es gackert leise: „Gack, gack,
gack", denn es ist ja noch klein.
Gack, gack. Gack, gack. Gack,
gack, gack, gack, gack, gack.

4.

Das Zicklein, es spaziert umher,
im warmen Sonnenschein.
Es meckert leise: „Meck, meck,
meck", denn es ist ja noch klein.
Meck, meck. Meck, meck. Meck,
meck, meck, meck, meck, meck.

5.

Das Kälbchen, es spaziert umher,
im warmen Sonnenschein.
Es muht ganz leise: „Muh, muh,
muh", denn es ist ja noch klein.
Muh, muh. Muh, muh. Muh, muh,
muh, muh, muh, muh.

6.

Das Ferkel, es spaziert umher,
im warmen Sonnenschein.
Es grunzt ganz leise: „Oing, oing,
oing", denn es ist ja noch klein.
Oing, oing. Oing, oing. Oing,
oing, oing, oing, oing, oing.

7.

Das Kätzchen, es spaziert umher,
im warmen Sonnenschein.
Miaut ganz leis: „Miau, miau",
denn es ist ja noch klein.
Miau. Miau. Miau, miau, miau.

8.

Das Eselchen spaziert umher,
im warmen Sonnenschein.
Es schreit ganz leis: „Iah, iah",
denn es ist ja noch klein.
Iah, iah. Iah, iah, iah.

9.

Das Lämmchen, es spaziert umher,
im warmen Sonnenschein.
Es blökt ganz leise: „Mäh, mäh,
mäh", denn es ist ja noch klein.
Mäh, mäh. Mäh, mäh. Mäh, mäh,
mäh, mäh, mäh, mäh.

10.

Und wird es spät, dann
gehen alle in den Stall hinein.
Sie legen sich ins weiche Stroh
und schlafen ganz schnell ein.
Gut Nacht! Gut Nacht!
Die Augen zugemacht.

Mit Hammer und Nagel

Ganz wie in der Geschichte dürfen bei diesem Spiel auch die Kinder zu Handwerkern werden und mit Hammer und Nagel „arbeiten". Dies fördert die Auge-Hand-Koordination, die Ausdauer und Feinmotorik und es macht natürlich viel Spaß, wenn man wie Bauer Tom klopfen und hämmern darf. Das Spiel ist simpel herzustellen und preisgünstig in der Anschaffung.

Materialien:

- ✓ stabiler Pappkarton
- ✓ Styropor®-Platten
- ✓ Golfnägel
- ✓ Holzkinderhämmer (z. B. von einem Nagelspiel o. Ä.)
- ✓ Optional: Holztiere, Perlen, Kugeln etc. mit Loch

So stellen Sie das Spiel her:

Legen Sie die Styropor®-Platten in den Pappkarton. Bei dicken Platten können Sie diese einfach zuschneiden und in den Karton legen. Bei dünnen Platten kleben Sie vorher mehrere zusammen, damit diese beim Spielen nicht mit den Nägeln unbeabsichtigt herausgezogen werden können.

So spielen die Kinder damit:

Ist der Karton vorbereitet, dürfen die Kleinen die Golfnägel mit dem Hammer in das Styropor® klopfen. Golfnägel eignen sich hervorragend, da sie einen großen Kopf haben und die Kinder den Nagel somit gut anvisieren und treffen können.

Wer möchte, kann den Nagel natürlich auch ohne Hammer in die Platte hineindrücken, was gerade für die Allerkleinsten mit hohem Kraftaufwand verbunden ist.

Wenn Sie möchten, bieten Sie den Kindern zusätzlich große Holzkugeln, Perlen, Holzscheiben, Holztiere etc. mit Löchern an, durch die die Nägel gesteckt und in die Styropor®-Platte gehämmert werden können.

Dies bietet Ihren Jüngsten einen zusätzlichen Anreiz und macht das Spiel noch attraktiver. Ein tolles Spiel, das im Handumdrehen hergestellt ist, und an dem die Kleinen sicher lange Freude haben werden.

„Quak, quak" schnattert die Gans

Gänse sind **Entenvögel** und zählen zu den Schwimmvögeln. Sie sind relativ groß und schwer (Gewicht bis zu 10 kg) und haben meist ein weißes Gefieder. Es gibt jedoch auch braune, graue oder gescheckte Tiere. Die männlichen Gänse werden als Ganter bezeichnet. Es sind gesellige Tiere, die in größeren Gruppen leben, und es gibt viele verschiedene Rassen. Gänse sind reine Vegetarier, die mit ihrem Schnabel Gras rupfen und auch Getreide, Pflanzen und Wurzeln mögen. Sie benötigen täglich frisches Wasser und brauchen ausreichend Auslauf. Die Hälfte des Tages verbringen die Tiere mit der Futtersuche, die andere Hälfte ruhen sie sich aus und verdauen ihre Nahrung. Gänse können im Jahr bis zu 50 **Eier** legen und wenn die **Küken** schlüpfen, nehmen sie diejenigen als Eltern wahr, die sie als Erstes sehen. Diese sogenannte Prägungsphase ist unumkehrbar und kann nicht rückgängig gemacht werden. Die Tiere folgen demjenigen, auf den sie unmittelbar nach dem Schlüpfen geprägt wurden. Dies können Menschen, Gegenstände oder andere Tiere sein. Gänseküken nennt man Gössel und sie sind Nestflüchter, die bereits kurz nach der Geburt schwimmen können. Typisch für Gänse ist ihr lautes Schnattern. Außerdem erkennen sich die Tiere gegenseitig an ihrem individuellen Ruf. Gezüchtete **Hausgänse** haben im Gegensatz zu den Wildgänsen ihre Flugfähigkeit fast ganz verloren. Dies liegt an ihrem erhöhten Gewicht, das das Fliegen nahezu unmöglich macht. Gänsepaare bleiben ein Leben lang zusammen und suchen sich nur im Todesfall einen neuen Partner.

Wer schnattert denn da so laut?

Eine Geschichte erzählt von der Gans Gisela und die Kinder sind hautnah dabei, wenn fünf Gänseküken aus ihren Eiern schlüpfen.

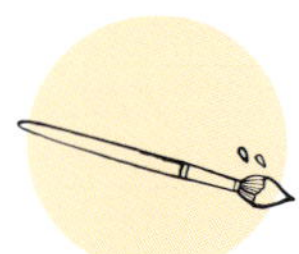

Die Kleinen gestalten eine weiße Gans und schulen dabei ihre Feinmotorik.

Ein lustiges Fingerspiel fördert die Sprachentwicklung und die Koordination der Kinder.

Ein Lied lädt zum Mitsingen ein und fördert die Musikalität der Kleinen.

Bei einer kurzen Massagegeschichte können die Kinder wunderbar entspannen und zur Ruhe kommen.

Die Gans Gisela

➥ Anleitung siehe S. 5

Diese Requisiten brauchen Sie:

- ✓ Tom (Figur oder aus Papier)
- ✓ Eimer (kleiner Dekoeimer oder Sandspieleimer)
- ✓ Getreidekörner
- ✓ Gänsestall (braunes Tuch mit Stroh auslegen)
- ✓ Gänse + Gisela (Figuren oder aus Papier)
- ✓ Wiese (grünes Tuch)
- ✓ Eier (Plastikeier)
- ✓ Gänseküken (Figuren oder aus Papier)

Die Geschichte

Tom ist auf dem Weg zu den Gänsen. In einem **Eimer** hat er **Getreidekörner**, die mögen die Gänse gern. Außerdem will er nachsehen, wie es Gisela geht. Gisela ist eine weiße Gans und vor einiger Zeit hat sie fünf große Eier gelegt. Bald werden daraus ihre Küken schlüpfen. Tom ist noch ein ganzes Stück vom **Gänsestall** entfernt, als er bereits lautes Geschrei hört. „Gack, gack!", schnattert es und der Bauer sieht, wie die **Gänse** aufgeregt umherlaufen. „Ach herrje! Was ist denn da los?" So eine Aufregung hat Tom noch nie erlebt. „Was ist nur mit euch los?" Da bemerkt er, dass er in dem ganzen Durcheinander eine Gans noch gar nicht gesehen hat: Gisela. „Gisela? Wo bist du?" Tom stellt den Eimer zur Seite und sucht nach der Gans. Da hört er ein leises Schnattern aus dem Stall. „Gack, gack." Das ist nicht Gisela, ist sich Tom sicher. Aber wer kann das sein? Tom schleicht leise näher. Und dann sieht er Gisela im Stroh sitzen. Eines ihrer **Eier** ist kaputt und ein kleiner Kopf schaut oben heraus. „Deine Babys!", ruft Tom. „Sie schlüpfen!" Das **Gänseküken** schnattert leise. Es dauert eine Weile, dann bricht die Eierschale entzwei und das Baby sitzt im Stroh. „Du hast es geschafft", freut sich Tom und nimmt das Küken vorsichtig in die Hand. „Gack, gack", schnattert es. Nach und nach schlüpfen auch die anderen vier Küken. „Du hast wunderschöne Babys bekommen, Gisela. Sicher haben die Kleinen jetzt Hunger. Ich werde ins Haus gehen und Futter holen." Doch als Tom den Stall verlassen will, laufen ihm die fünf Gänsekinder hinterher. „Ihr dürft hier warten. Ich bringe euch Futter." Doch kaum dass Tom weitergeht, watscheln ihm die Küken wieder hinterher. „Was macht ihr denn da?" Egal wohin Tom geht, die Gänse gehen mit. Und dann erinnert er sich, warum sie das tun. Wenn Gänsekinder aus ihren Eiern schlüpfen, sind die ersten Gesichter, die sie sehen, Mama und Papa. Und wen haben diese fünf Federknäule als Erstes gesehen? Gisela und Tom. „Dann bin ich jetzt wohl Gänsevater", schmunzelt der Bauer. Und weil die Kleinen ohnehin nicht warten würden, nimmt er sie einfach mit zum Bauernhaus. Die anderen Gänse haben sich inzwischen über das Getreide hergemacht. Der Eimer liegt umgekippt im Gras und alle Tiere haben sich darum versammelt. „Deswegen wart ihr so aufgeregt. Ihr wusstet, dass Gisela ihre Babys bekommt." – „Gack, gack", schnattern diese und lassen sich weiter ihr Futter schmecken. „Jetzt mache ich erst einmal einen leckeren Brei aus Getreide und Karotten für euch", sagt Tom und die sieben laufen über den Hof zum Haus. Vorn geht der Bauer, dann folgen ihm fünf Küken und zuletzt watschelt Gisela. Tom ist glücklich, denn alle Gänse sind gesund und munter und auch Gisela geht es gut.

Weiße Gans

Material:

- 1 Wattepad
- weißer, schwarzer, orangefarbener Tonkarton
- Schere
- Klebstoff
- Klebeband
- Locher
- 2 Trinkhalme: orange
- optional: weiße Bastelfedern

Das Auge wird geklebt.

Durchführung:

Für den Kopf:
Bereiten Sie für das Auge einen schwarzen Streifen (1 cm) vor sowie ein orangefarbenes Rechteck (2 x 5 cm) für den Schnabel und legen Sie das Wattepad bereit. Die Kinder schneiden vom schwarzen Streifen ein Stück als Auge ab und kleben einen weißen Locherpunkt als Pupille auf. Am Schnabel schneiden sie auf einer schmalen Seite beide Ecken ab. Das Auge befestigen sie mit Klebstoff auf der Vorderseite des Wattepads, den Schnabel auf der Rückseite.

Für den Körper:
Schneiden Sie für den Bauch einen weißen Kreis (14 cm) zu sowie einen Streifen (2 cm) für den Hals und legen Sie die beiden Trinkhalme bereit.

Die Kleinen halbieren den Kreis und verwenden eine Hälfte als Bauch. Vom weißen Streifen schneiden sie ein etwa 10 cm langes Stück ab, verwenden es als Hals und befestigen Bauch und Kopf daran. Die Trinkhalme halbieren die Kinder und biegen sie an dem sogenannten „U" um. Dann schneiden sie den Halm nach der „U-Biegung" um etwa die Hälfte kürzer und befestigen die Halme als Beine mit Klebeband von hinten am Gänsebauch.

Gut zu wissen:

Wenn sie möchten, können die Kinder den Bauch (vor dem Ankleben der Beine) mit Klebestift einstreichen und weiße Federn aufkleben. Dadurch erhält die Gans einen flauschigen Effekt und die Kleinen machen mit den kuscheligen Federn zusätzlich taktile Erfahrungen.

Die fünf Gänse

Verse sprechen …	**Finger spielen …**
Fünf Gänse kann ein jeder sehn, die auf dem Hof spazieren gehn.	Fünf Finger einer Hand zeigen
Die erste Gans schnattert sodann, macht „Gack, gack, gack“, so laut sie kann.	Daumen zeigen; gackern
Die zweite rennt im Dauerlauf.	Daumen und Zeigefinger zeigen; Hände patschen auf Oberschenkel;
Die dritte Gans pickt Körner auf.	Daumen, Zeige- und Mittelfinger zeigen; Zeigefinger einer Hand „pickt“ in der anderen Handfläche
Die vierte Gans, die putzt sich nun.	Daumen, Zeige-, Mittel- und Ringfinger zeigen; eine Hand wird zum „Schnabel“ und putzt sich;
Die fünfte will sich nur ausruhn,	Alle fünf Finger zeigen; mit dem kleinen Finger wackeln
watschelt in den Stall hinein, legt sich hin und schläft bald ein.	Kopf auf gefaltete Hände legen und Augen schließen

Was die Gänse alles machen.

Auf dem Bauernhof

Melodie: traditionell, „Tante aus Marokko" | **Text:** Eva Danner

2.

Auf dem Bauernhof ist immer etwas los.
Auf dem Bauernhof ist immer etwas los.
Hühner gackern aufgeregt,
sie haben grad ein Ei gelegt.
Auf dem Bauernhof ist immer etwas los.

3.

Auf dem Bauernhof ist immer etwas los.
Auf dem Bauernhof ist immer etwas los.
Schweine grunzen immerzu,
von früh bis spät gibts keine Ruh.
Auf dem Bauernhof ist immer etwas los.

4.

Auf dem Bauernhof ist immer etwas los.
Auf dem Bauernhof ist immer etwas los.
An den Schafen ist das Tolle,
ihre warme, weiche Wolle.
Auf dem Bauernhof ist immer etwas los.

5.

Auf dem Bauernhof ist immer etwas los.
Auf dem Bauernhof ist immer etwas los.
Pferde haben schönes Fell,
sie wiehern laut und traben schnell.
Auf dem Bauernhof ist immer etwas los.

6.

Auf dem Bauernhof ist immer etwas los.
Auf dem Bauernhof ist immer etwas los.
Kühe rufen – hör gut zu:
mal laut, mal leise: „Muh, muh, muh."
Auf dem Bauernhof ist immer etwas los.

Die kleine Gans

Die kleine Gans hat weiche Federn.
Kitzelt dich am Ohr.
Kitzelt dich zuerst dahinter
und dann auch davor.

Die kleine Gans hat weiche Federn.
Kitzelt dein Gesicht.
Auch Wangen, Stirn und deine Nase
vergisst das Gänslein nicht.

Die kleine Gans hat weiche Federn.
Streichelt deinen Hals.
Wenn du ganz still liegen bleibst,
spürst du es ebenfalls.

Die kleine Gans hat weiche Federn.
Berührt sanft deine Hand.
Du machst nun deine Augen zu
und bist ganz entspannt.

Die kleine Gans hat weiche Federn.
Streichelt jetzt dein Bein.
Streichelt deine beiden Füße,
wie kann es anders sein?

Die kleine Gans hat weiche Federn.
Alle sind sie weiß.
Jetzt geht sie in den Stall zurück
und schnattert dabei leis.

Gack, gack, gack …

So geht es:

Die Kinder dürfen selbst entscheiden, ob sie sich auf eine bequeme Unterlage legen oder zunächst stehen bleiben möchten. Berühren Sie, entsprechend dem Text, die genannten Körperstellen der Kleinen mit einer weißen Bastelfeder. Dies kitzelt leicht und die Kinder spüren auf diese Weise ihren Körper ganz intensiv.

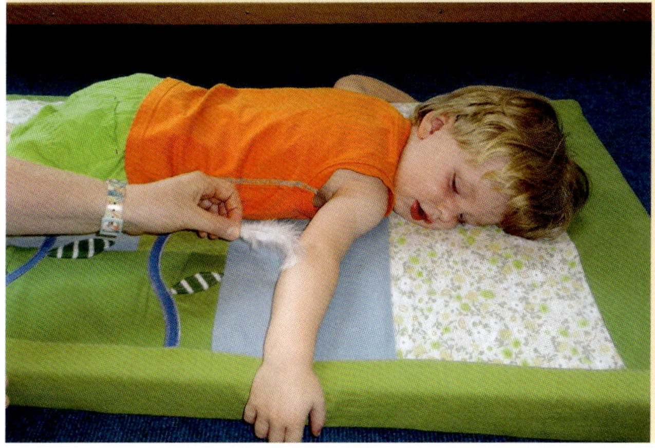

„Meck" meckert die Ziege

Ziegen sind Säugetiere, **Wiederkäuer** und zählen zu den Hornträgern. Ihre Fellfarbe kann Weiß, Grau, Braun oder Schwarz sein, hin und wieder gibt es auch gemusterte Tiere. Kennzeichnend für alle Ziegen ist ihr kleiner Schwanz und die **Hörner**, die sowohl die Männchen als auch die Weibchen besitzen. Auch den **Ziegenbart** können beide Geschlechter tragen. Die Tiere können ein Gewicht von bis zu 100 kg erreichen und man kann ihr Meckern, Blöken und Pfeifen oft schon von Weitem hören. Ziegen leben in einer Herde, bei der es eine strenge Rangordnung gibt. Am liebsten fressen sie Gras und Kräuter oder rupfen mit ihrer Zunge Blätter von den Bäumen, indem sie sich auch auf die Hinterbeine stellen, um selbst die schmackhaftesten Blätter erreichen zu können. Dabei benötigen Ziegen meist nur geringe Mengen an Futter und Wasser und sind deshalb auch in kargen Gegenden beheimatet. Es sind ausgesprochen **gute Kletterer** und sie können sich auch im Gebirge und an steilen Hängen hervorragend fortbewegen. Hin und wieder klettern sie sogar auf Bäume. Ziegen sind zutrauliche und reinliche Tiere, die den Menschen in Deutschland hauptsächlich **Milch und Wolle** liefern. Im Allgemeinen sind sie recht pflegeleicht, jedoch sollte man ihr Fell regelmäßig bürsten und ihre Klauen schneiden. Ziegen sind klug und finden selbst die kleinsten Schlupflöcher in Zäunen.

Ziegen auf der Weide.

Eine Geschichte erzählt vom Ziegenbock Kurt und wie er aus einer misslichen Lage befreit wird.

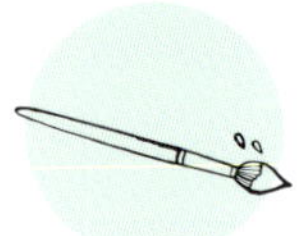

Die Kinder gestalten eine Ziege und einen Bock und schulen dabei ihre Feinmotorik.

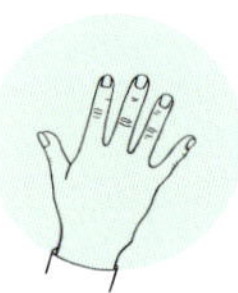

Ein lustiges Fingerspiel fördert die Sprachentwicklung und die Koordination der Kinder.

Ein kurzes Lied berichtet über das Aussehen von Ziege und Ziegenbock und regt die Kleinen zum Mitsingen an.

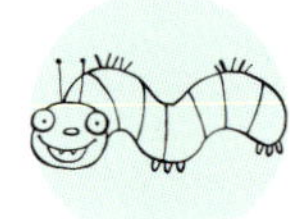

Die Kinder erleben Ziegen und Co. hautnah und dürfen diese sogar streicheln.

Kurt, der Ziegenbock

➥ Anleitung siehe S. 5

Diese Requisiten brauchen Sie:

- ✓ Kurt/Franziska (Figuren oder aus Papier)
- ✓ Weide (grünes Tuch)
- ✓ Apfelbaum (aus Papier)
- ✓ Zaun (aus Papier oder konstruieren)
- ✓ Tom (Figur oder aus Papier)
- ✓ Äpfel (aus Papier, aus dem Kaufmannsladen oder echte, die man mit den Kindern im Anschluss essen kann)

Die Geschichte

Kurt ist ein Ziegenbock mit braunem Fell, langem Ziegenbart und großen Hörnern. Mit der Ziege **Franziska** lebt er bei Tom und Ella auf dem Bauernhof. Wenn es warm ist, stehen die beiden auf der **Weide**. Im Winter oder in kalten Nächten schlafen sie im Stall. Heute ist ein sonniger Tag und die beiden spazieren über die Weide. Dabei knabbern sie Kräuter, Klee und Gras. Plötzlich entdeckt Kurt einen **Apfelbaum** außerhalb der Weide. Zu gern wären Kurt und Franziska zu dem Baum spaziert und hätten sich einen Apfel geschnappt. Doch die Weide ist von einem **Zaun** umgeben. Und der ist viel zu hoch, als dass die beiden Ziegen darüberspringen könnten. Enttäuscht sucht sich Franziska ein schattiges Plätzchen zum Ausruhen. Nicht so Kurt. Der Ziegenbock gibt so schnell nicht auf. Er will unbedingt einen Apfel. So läuft er den gesamten Zaun entlang, bis er ein kleines Loch darin entdeckt. Sogleich beginnt er, zu meckern, und Franziska eilt zu ihm. Sofort quetscht sich diese durch das enge Loch und schwupps steht sie außerhalb der Weide. Nun drückt sich Kurt durch das Loch. Doch dann passiert es: Er bleibt mit seinen Hörnern im Zaun hängen und ganz gleich, wie sehr er sich auch anstrengt, er schafft es nicht, sich zu befreien. Kurt steckt fest. Und auch Franziska kann ihm nicht helfen. So bleibt ihr nur ein Ausweg: Sie muss Bauer Tom holen. Eilig springt die Ziege zum Hof, wo **Tom** gerade die Hühner füttert. Sie meckert, so laut sie kann. „Franziska", staunt der Bauer. „Wo kommst du denn her? Wieso bist du nicht auf der Weide?" Doch statt einer Antwort, schnappt die Ziege Toms Jacke und zieht daran. „Du willst mir wohl etwas zeigen. Habe ich recht?" Franziska zieht fester und Tom beschließt, ihr zu folgen. Die zwei laufen zur Weide und dann sieht Tom den Ziegenbock. Er steckt immer noch hilflos im Zaun fest. „Du lieber Himmel, Kurt! Was machst du denn für Sachen?" Der Ziegenbock meckert und zieht, so fest er kann. Dabei rüttelt er so stark am Zaun, dass Tom Angst hat, er könnte den gesamten Weidezaun ausreißen. „Ganz langsam, mein Lieber", versucht Tom, ihn zu beruhigen. „Ich helfe dir. Aber du musst jetzt still halten." Und dann zieht Tom den Ziegenbock vorsichtig aus dem Zaun heraus. „Du wolltest wohl die Äpfel da drüben vom Baum stibitzen. Habe ich recht?" Kurt meckert kleinlaut und schaut Tom an. „Ich werde jetzt erst einmal das Loch im Zaun reparieren", sagt der Bauer. „Und wenn das erledigt ist, dann bringe ich euch vielleicht ein paar **Äpfel**. Aber nur, wenn ihr mir versprecht, nicht noch einmal auszubüxen." Als der Zaun repariert ist, stehen die beiden Ziegen sogleich bei ihm. Und dann bringt er für jeden einen saftigen roten Apfel. „Ich muss jetzt wieder an die Arbeit", sagt Tom und macht sich auf den Rückweg. Und was macht Kurt? Der läuft bereits wieder den Zaun entlang auf der Suche nach einer neuen Möglichkeit, zum Apfelbaum zu gelangen.

Ziegenbock und Ziege

Material:

- hellbrauner, dunkelbrauner, weißer, schwarzer Tonkarton
- braune Märchenwolle
- 2 gelbe Trinkhalme pro Kind
- 1 Wattestäbchen pro Kind
- Schere
- Locher
- Klebstoff
- Klebeband

Der Kopf des Ziegenbocks entsteht.

Durchführung:

Für den Kopf:

Bereiten Sie für den Kopf ein dunkelbraunes (Ziege: weißes) Rechteck (6 x 8 cm) vor, für die Augen einen weißen (Ziege: hellbraunen) Streifen (1 cm), für die Ohren zwei dunkelbraune (Ziege: weiße) Rechtecke (2 x 4 cm) und legen Sie die beiden Trinkhalme sowie die Märchenwolle bereit (Ziege: 1 Wattestäbchen und zusätzlich einen hellbraunen 2 cm großen Kreis für den Mund).

Die Kinder schneiden auf einer schmalen Seite des Kopfes die Ecken geringfügig, auf der anderen Seite großzügiger ab. Vom weißen (hellbraunen) Streifen schneiden sie zwei Stücke als Augen ab und kleben schwarze (dunkelbraune) Locherpunkte als Pupillen auf.

An den Ohren schneiden die Kleinen auf jeweils einer schmalen Seite beide Ecken ab. Die beiden Trinkhalme schneiden sie etwa 5 cm unterhalb der Biegung ab und verwenden diese Stücke als Hörner (Ziege: Die Kinder halbieren das Wattestäbchen und verwenden die beiden Hälften). Die Einzelteile des Gesichtes setzen die Kleinen mit Klebstoff zusammen.

Konzentriert wird nun der Kopf der Ziege gebastelt.

Etwas Märchenwolle bringen sie beim Ziegenbock als Bart an und einen schwarzen (dunkelbraunen) Locherpunkt als Nase. (Für den Mund der Ziege halbieren die Kleinen den hellbraunen Kreis und verwenden eine Hälfte davon). Die Ziegenbockhörner befestigen sie von hinten, mit Klebeband, am Kopf und biegen diese etwas um, sodass die typische „Hörnerform" entsteht. (Die Hörner der Ziege fixieren Sie ebenfalls mit Klebeband).

Für den Körper:
Schneiden Sie für den Körper ein braunes (Ziege: weißes) Rechteck (10 x 16 cm) zu, für den Hals einen Streifen (3 cm), für die Beine zwei Streifen (1,5 x 20 cm) und für den Schwanz ein Rechteck (2 x 4 cm). Für die Hufe fertigen Sie zwei schwarze (Ziege: dunkelbraune) Kreise (2,5 cm) an.

Nun entstehen Körper und Beine des Ziegenbocks.

Die Kinder schneiden am Körper alle vier Ecken ab. Vom breiten Streifen schneiden sie ein etwa 10 cm langes Stück als Hals ab, die beiden dünnen Streifen halbieren sie und verwenden die entstandenen vier Stücke als Beine.

Auch die Ziege bekommt einen Bauch und vier Beine.

Das Rechteck schneiden die Kleinen diagonal durch und verwenden eine Hälfte als Schwanz. Die Kreise halbieren sie und verwenden sie als Hufe. Die Einzelteile des Körpers setzen sie mit Klebstoff zusammen und befestigen den Kopf am Hals.

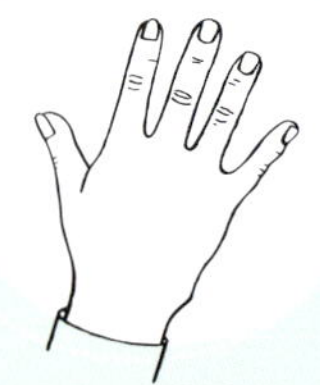

Der Ziegenbock

Verse sprechen …	**Finger spielen …**
Kurt, so heißt der Ziegenbock, mit dem weichen Zottelrock.	Arme „schlabbern" am Körper
Mit dem langen Zottelbart ist der Ziegenbock behaart.	Mit der Hand einen Bart andeuten
Hat zwei Hörner spitz und lang, womit der Kurt auch stoßen kann.	Beide Zeigefinger als Hörner an den Kopf halten
Er meckert laut, hör doch mal zu: „Meck, meck, meck", gibt keine Ruh.	Meckern
Nur am Abend ist er still, weil er seine Ruhe will.	Zeigefinger vor den Mund halten, um Ruhe anzudeuten
Schließt die Augen, schläft bald ein, träumt vom warmen Sonnenschein.	Kopf auf die gefalteten Hände legen; Augen schließen

Kurt und seine Frau Franziska stehen bereit für das tolle Fingerspiel.

Kurt, der Ziegenbock

Melodie: traditionell, „If you're happy and you know it“ | **Text:** Eva Danner

2.

Und Franziska, so heißt seine liebe Frau,
ist von Kopf bis Fuß ganz weiß, ich sehs genau.
Und Franziska heißt die Frau,
sie ist ganz weiß, ich sehs genau.
Ja Franziska, so heißt seine liebe Frau.

Singen macht allen Kindern viel Freude.

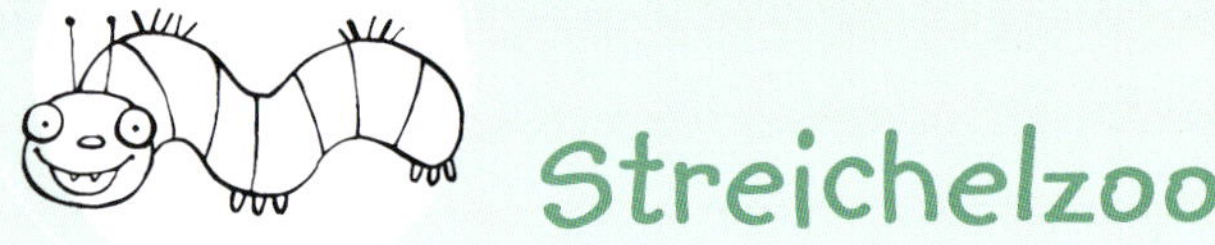

Streichelzoo

Ein besonderes Erlebnis für die Kinder ist es natürlich, wenn sie verschiedene Bauernhoftiere in echt sehen können. Deshalb bietet sich ein Besuch in einem Streichelzoo hervorragend an.

Die verschiedenen Tiere können betrachtet und gestreichelt werden. Man hört ihre ganz individuellen Laute und Rufe und natürlich riecht es z. B. im Ziegengehege auch nach Ziegen. Es werden beim Riechen, Streicheln, Hören etc. alle Sinne angesprochen.

Viel Vergnügen beim Entdecken und Staunen!

Die Ziegen sind für die Kinder ein besonderes Highlight, denn diese können gefüttert und gestreichelt werden. Vor allem die Jungtiere mit ihren kleinen Hörnern lassen Kinderaugen strahlen. Das weiche Fell ist warm und fühlt sich an den Händen ganz kuschelig an.

Auch Schafe sind oft dort anzutreffen, die ebenfalls gestreichelt werden dürfen. Vielleicht blöken sie sogar.

Hühner können in ihrem Gehege betrachtet werden und bestimmt freuen sich Ihre Kinder darüber, wenn der Hahn laut kräht oder die Hühner gackern.

Meist sind die Tiere nicht ängstlich, denn sie sind viele Besucher gewöhnt und kommen deshalb ganz nahe an das Gatter, sodass Ihre Jüngsten diese ausgiebig betrachten können. Auch Pferde und/oder Ponys sind im Tierpark anzutreffen und können in ihrem Gehege beobachtet werden.

Ein Zoobesuch macht ganz schön hungrig.

Eine Frühstückspause gehört zu einem Streichelzoobesuch natürlich auch dazu. Und in gemeinsamer Runde schmeckt es ohnehin am allerbesten.

„Gack, gack" gackert das Huhn

Haushühner zählen zur Familie der Fasanenartigen und verbringen die meiste Zeit ihres Lebens am Boden. Dies ist durch ihr relativ hohes Gewicht von etwa 2–5 kg bedingt, welches den Tieren lediglich ein Flattern oder kurzes Auffliegen an Stelle des richtigen Fliegens erlaubt. Mit ihren kräftigen Beinen können sie schnell rennen und sind schwer einzufangen. Typisch für Hühner ist ihr großer, massiger Körper und der kleine Kopf, an dem der rote Kamm und Kehllappen erkennbar sind. Die Füße sind mit Hornschuppen bedeckt und drei ihrer Zehen sind nach vorn, einer nach hinten gerichtet. Direkt darüber sitzt ein spitzer Sporn. Das Gefieder kann verschiedene Farben haben, wie z. B. Weiß, Braun, Schwarz, Meliert oder es ist gesprenkelt und wird einmal im Jahr mit der Mauser erneuert. Die **Hähne** haben oftmals ein wesentlich bunteres Federkleid und sind auch deutlich größer. Während diese ihr unverwechselbares „Kikeriki!" krähen, gackern die weiblichen Tiere lediglich „Gack, gack, gack". Hühner sehen nicht besonders gut und leben sowohl im Freien als auch im Stall. Als Nutztiere werden sie vor allem wegen ihrer **Eier** gehalten oder für die **Fleischproduktion** verwendet. Es gibt jedoch auch viele **Zierrassen**, die wunderschöne Federn besitzen. Die geselligen Tiere leben in einer Rangordnung zusammen und sind schon früh am Morgen wach. Zum Schlafen setzen sie sich meist auf eine Sitzstange im Stall. Ihre **Eier** legen Hühner in Nester aus Stroh und nehmen hin und wieder auch gern ein Bad im Sand oder Staub, um ihr Gefieder von lästigen Parasiten zu befreien. Hühner sind Allesfresser und picken mit ihrem Schnabel unter anderem Würmer, Getreide, Klee und Insekten. Da sie keine Zähne besitzen, zerdrücken sie die Nahrung mit ihrer Zunge. Dabei fressen sie auch Sand und kleine Steine, die dazu beitragen, die Nahrung im Magen zu zermahlen. Wer Hühner halten möchte, sollte viel Wert auf einen sauberen Stall legen und den Tieren täglich frisches Wasser bringen.

Gack, gack, gack – gackern die Hühner laut.

Eine Geschichte erzählt von einem ganz besonderen Huhn, das sicher einmalig auf der Welt ist.

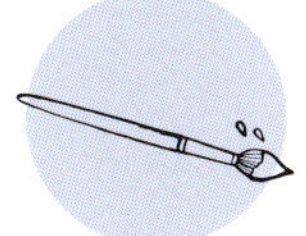

Die Kinder gestalten ein Mobile und fördern dabei ihre Feinmotorik und Koordination.

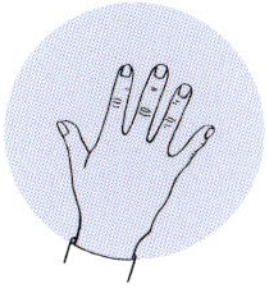

Ein Fingerspiel schult die Sprachentwicklung und Koordination der Kleinen.

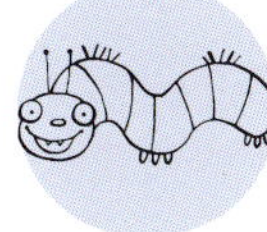

Die Kinder betrachten Hühnereier und helfen bei der Zubereitung eines Rühreis mit.

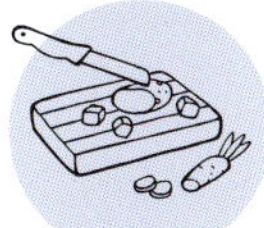

Die Kleinen bereiten Eierbrot zu und erfahren etwas über die Verarbeitung von Hühnereiern.

Die Kinder erleben mit allen Sinnen Hühner in ihrer natürlichen Umgebung.

Das Huhn Henriette

➥ Anleitung siehe S. 5

Diese Requisiten brauchen Sie:

- ✓ Tom (Figur oder aus Papier)
- ✓ Korb
- ✓ Hühnerstall (braunes Tuch)
- ✓ Hühner und Henriette (Figuren oder aus Papier)
- ✓ Stroh
- ✓ Eier (Plastikeier)
- ✓ Wiese (grünes Tuch)
- ✓ Röhre (Pappröhre o. Ä.)
- ✓ Getreidekörner
- ✓ Glöckchen
- ✓ Latte (kleines Holzbrett)
- ✓ Holzklotz (oder Bausteine)
- ✓ Reifen (aus Draht o. Ä. konstruieren)
- ✓ Hahn (Figur oder aus Papier)

Die Geschichte

Tom hat viele Hühner, aber keines ist wie Henriette. Sie kann Dinge tun, die kein anderes Huhn kann. Sie ist klug und lernt schnell neue Sachen. Tom ist auf dem Weg zum **Hühnerstall** und hat einen großen **Korb** dabei. Als er dort ankommt, sitzen unzählige **Hühner** im **Stroh** oder schlafen auf ihren Sitzstangen. Manche legen **Eier** oder rennen vergnügt umher. Henriette ist nicht im Stall. Bestimmt ist sie draußen, denkt Tom und macht sich auf den Weg zur **Wiese**, auf der allerlei Kräuter, Klee und Löwenzahn wachsen. Dort können die Hühner auch nach Insekten suchen. Da entdeckt er **Henriette**. „Hallo!", ruft Tom und das Huhn rennt schnell auf ihn zu. „Gack, gack", gackert es aufgeregt. „Ich freue mich auch, dich zu sehen", lacht Tom und streichelt Henriette über die weichen Federn. „Hast du Lust, zu spielen?" – „Gack, gack" ist die Antwort. – „Na, dann wollen wir mal anfangen", grinst der Bauer und holt seinen Korb. Er packt eine kleine **Röhre** aus. Auf eine Seite streut er **Getreidekörner** auf der anderen Seite wartet Henriette. „Achtung! Es geht los. Wenn ich mit dem **Glöckchen** läute, dann saust du schnell durch die Röhre, schnappst dir die Körner und kommst zurück. Bist du bereit?" Henriette gackert und Tom lässt das Glöckchen erklingen. Sogleich rennt sie durch die Röhre und pickt alle Getreidekörner auf. Dann dreht sie sich um und rennt zurück. „Prima! Du warst sehr schnell. Jetzt wollen wir etwas anderes versuchen." Tom holt eine **Latte** und legt sie auf einen **Holzklotz**. Auf eine Seite streut er Körner, auf der anderen wartet das Huhn. „Achtung! Wenn du das Glöckchen hörst, läufst du über die Holzlatte, pickst die Körner und kommst wieder zurück. Aber vorsichtig, die Latte wackelt ein bisschen", mahnt der Bauer und läutet. Sofort läuft Henriette los. Als sie jedoch die Holzlatte betritt, wackelt sie tatsächlich. Vorsichtig setzt das Huhn einen Fuß vor den anderen, ohne herunterzufallen. Die Körner pickt es ruckzuck auf und balanciert genauso geschickt wieder zurück. „Prima!", jubelt Tom. „Kommen wir jetzt zum letzten Spiel für heute." Dann legt er viele Körner hintereinander auf den Boden, bis eine lange Reihe entstanden ist. An den Anfang und das Ende stellt er einen **Reifen**, durch den Henriette hüpfen soll. Plötzlich gackert sie und als Tom sich umdreht, sieht er Hugo **Hahn**, der inzwischen alle Körner aufgepickt hat. Durch die Reifen ist er nicht gehüpft. Er hat einfach nur die Körner gefressen. „Kikeriki!", kräht er und rennt davon. – „So ein Schlawiner." – „Gack, gack", macht Henriette. – „Keine Sorge, ich habe noch Körner für dich", sagt Tom und legt erneut eine lange Reihe zwischen die Reifen. Als er mit dem Glöckchen läutet, saust Henriette los, flattert durch den ersten Reifen, pickt die Körner und hüpft auch noch durch den zweiten Reifen. Tom klatscht vor Begeisterung in die Hände. Dann packt er alles wieder in den Korb und macht sich auf den Weg zu den Kühen. Die können zwar nicht über Holzlatten laufen oder durch Reifen hüpfen, aber Hunger haben sie trotzdem.

Hahn-Huhn-Eier-Mobile

Material:

- ✓ Tonkarton: weiß, schwarz, orange, rot
- ✓ Chenilledraht: orange, gelb
- ✓ Schere
- ✓ Locher
- ✓ Lochzange
- ✓ Klebstoff
- ✓ Bastelfedern: bunt, Natur
- ✓ Schnur
- ✓ Klebeband

So sieht ein fertiges Mobile aus.

Durchführung:

Für den Körper:

Bereiten Sie für den Bauch einen weißen Kreis (Durchmesser: 24 cm) vor, für den Schnabel ein orangefarbenes Rechteck (3,5 x 4,5 cm), für die Augen einen schwarzen Streifen (Breite: 1 cm), für den Hahnenkamm zwei rote Rechtecke (7 x 4 cm), für den Huhnkamm zwei rote Rechtecke (5 x 3 cm) und für den Kehllappen des Hahns ein rotes Rechteck (3,5 x 2 cm).

Die Kinder halbieren den Kreis und verwenden die beiden Hälften als Huhn- und Hahnenkörper. Das orangefarbene Rechteck schneiden sie diagonal durch und verwenden die beiden entstandenen Dreiecke als Schnäbel. Vom schwarzen Streifen schneiden sie zwei Stücke als Augen ab und kleben weiße Locherpunkte als Pupillen auf. Die vier Rechtecke für die Kämme schneiden die Kleinen diagonal durch und verwenden jeweils drei Stücke für Huhn und Hahn. Den roten Kehllappen schneiden sie auf jeder schmalen Seite spitz zu. Die Einzelteile setzen sie mit Klebstoff zusammen.

Für den Hahn wählen die Kinder drei bunte Bastelfedern aus, welche sie mit Klebeband auf der Rückseite anbringen. Für das Huhn wählen sie zwei Naturfedern aus, die sie mit Klebstoff auf der Vorderseite des Bauches fixieren.

Federn für den Hahn.

Hahn-Huhn-Eier-Mobile

Für die Beine:
Diesen Arbeitsschritt müssen Sie übernehmen, da er für die Kinder zu schwierig ist. Schneiden Sie vom gelben (für das Huhn) und orangefarbenen (für den Hahn) Chenilledraht jeweils zwei etwa 7 cm und zwei 3 cm lange Stücke ab. Fixieren Sie die kurzen an den langen Stücken, sodass die typischen Krallenfüße entstehen. Mithilfe der Lochzange stanzen Sie zwei Löcher in Huhn und Hahn und befestigen daran die Füße.

Für das Ei:
Fertigen Sie ein weißes Rechteck (5 x 8 cm) an, an dem die Kleinen alle vier Ecken abschneiden.

Fertigstellung:
Stanzen Sie mit der Lochzange in Hahn und Huhn jeweils zwei Löcher, in das Ei eines und verbinden Sie mit der Schnur die einzelnen Elemente miteinander. Oben am Hahn verknoten Sie eine Schnur zum Aufhängen und fertig ist ein wunderschönes Mobile.

Konzentriert werden die Einzelteile geschnitten.

Sorgfältig wird alles zusammengeklebt.

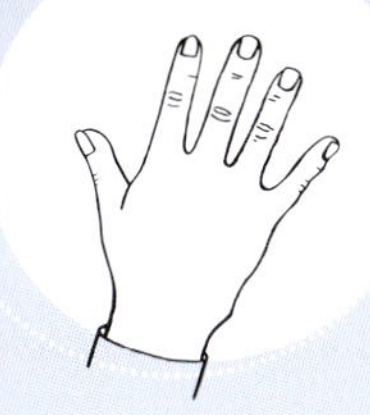

Henriette, das Huhn

Verse sprechen …	**Finger spielen …**
Henriette heißt das Huhn, meistens hat es viel zu tun.	Ausladende Handbewegung
Es legt am Morgen gern ein Ei und manchmal legt es sogar zwei.	Mit den Fingern erst 1 dann 2 zeigen
Henriette scharrt im Stroh, passt gut auf, denn das geht so!	Mit den Händen pantomimisch „scharren“
Und wenn das Huhn mal Hunger hat, dann pickt es sich an Körnern satt.	Finger einer Hand „picken“ in der anderen Handfläche
Am Abend kuschelt es sich fest hinein ins warme Hühnernest.	Sich pantomimisch ins Nest kuscheln; leise gackern
Sagt ganz leis, so muss es sein: „Gack, gack, gack“, und schläft dann ein.	Kopf auf gefaltete Hände legen und Augen schließen

Henriette ist zu Besuch.

Hühnereier

Material:

- ✓ Körbchen mit Heu und Eiern
- ✓ 2 Schüsseln
- ✓ 1 kleines Schälchen pro Kind
- ✓ 1 große Rührschüssel
- ✓ 1 Schneebesen
- ✓ 1 beschichtete Pfanne
- ✓ 1 Pfannenwender

Bauer Tom hat den Kindern etwas Tolles mitgebracht: in einem mit Heu gefüllten Körbchen liegen Hühnereier, die er den Kleinen zeigen möchte. Jeder darf in das Körbchen hineinschauen und vorsichtig eines der vorab gründlich gereinigten Eier (Salmonellengefahr!) in die Hand nehmen und betrachten. Weisen Sie die Kleinen darauf hin, dass die dünne Eierschale zerbrechlich ist und leicht kaputtgehen kann. Um Ihren Jüngsten zu zeigen, dass sich auch etwas im Inneren des Eies befindet, stellen Sie zwei Schüsseln bereit – eine für das Ei und eine für die Eierschalen. Klopfen Sie das Ei leicht an den Schüsselrand, sodass ein kleines Loch entsteht, welches Sie den Kindern zeigen. Vielleicht können sie durch die winzige Öffnung schon etwas erkennen? Anschließend öffnen Sie die Schale und geben das Ei samt Eiweiß in die Schüssel. Jetzt dürfen die Kinder das Innere des Eies betrachten. Berichten Sie ihnen, was sie hier sehen, und verwenden Sie auch die Begriffe „Eiweiß" und „Eigelb". Erzählen Sie, dass man aus Hühnereiern etwas Leckeres zubereiten kann, das man „Rührei" nennt. Das möchten Sie nun mit allen Kindern zusammen herstellen.

Zubereitung Rührei:

Zutaten:

- ✓ 1 Ei pro Kind
- ✓ etwas Salz
- ✓ Öl

Öffnen Sie für jedes Kind ein Ei und geben Sie dieses in ein kleines Schälchen. Die Kleinen dürfen es in eine große Rührschüssel geben und mit einem Schneebesen verrühren.

Dann geben Sie eine Prise Salz hinzu und verquirlen alles noch einmal kräftig. Am Herd können alle die Veränderung der flüssigen Masse beobachten.

Geben Sie etwas Öl in eine beschichtete Pfanne und erhitzen Sie diese. Gießen Sie die Eiermasse hinein und wenden Sie alles mit dem Pfannenwender mehrmals, bis das Rührei stockt. Ist dieses durchgebacken, darf es gegessen werden.

Achten Sie immer darauf, dass die Kleinen ausreichend Sicherheitsabstand zur heißen Herdplatte einhalten – Verbrennungsgefahr!

Eierbrot

Dieses leckere Essen wird Ihren Jüngsten sicher gut schmecken und die Kleinen können bei der Zubereitung helfen. Wichtigste Zutat sind natürlich die frischen Eier, die Henriette Huhn extra für die Kinder gelegt hat.

Zutaten (für ca. 8–10 Kinder):

- ✓ 5 Eier
- ✓ 3–4 Scheiben Brot
- ✓ Prise Salz
- ✓ etwas Öl (zum Anbraten)
- ✓ Gemüsebrühe (entsprechend der gewünschten Suppenmenge)

Zusätzlich:

- ✓ Küchenmesser
- ✓ Schneidebrett
- ✓ Teller
- ✓ Rührschüssel
- ✓ Löffel
- ✓ Schneebesen
- ✓ Pfanne
- ✓ Topf
- ✓ Schöpfkelle

Zubereitung:

Zeigen Sie zunächst den Kindern die benötigten Zutaten und benennen Sie diese mit Namen. Zusammen mit Ihnen dürfen die Kleinen die Brotscheiben in Stücke schneiden und auf einen Teller legen.

Das Öffnen der Eier müssen Sie übernehmen, da dies für die Kinder zu schwierig ist. Geben Sie die Eier in eine große Rührschüssel und gemeinsam mit den Kindern fügen Sie etwas Salz hinzu.

Mithilfe des Schneebesens helfen Ihre Jüngsten dabei, die Eier zu verquirlen, bis eine homogene Masse entsteht.

Dann geben Sie die klein geschnittenen Brotwürfel zur Eiermasse hinzu und rühren mit dem Löffel alles gut um. Geben Sie etwas Öl in eine Pfanne und backen Sie das Eierbrot gut durch.

Achten Sie immer darauf, dass die Kleinen ausreichend Sicherheitsabstand zur heißen Herdplatte einhalten – Verbrennungsgefahr!

Kochen Sie in einem Topf etwas Gemüsebrühe auf, geben Sie die ausgebackenen Brotwürfel hinzu und verteilen Sie die Suppe in kleine Schälchen. Nachdem die Suppe etwas abgekühlt ist, können sich alle am hübsch gedeckten Tisch das selbst zubereitete Essen schmecken lassen.

Guten Appetit.

Alternative:

Wenn Sie und die Kinder die Eier mal in anderer Form probieren möchten, können Sie auch einfach Brote mit fest gekochten Eiern belegen und verspeisen.

Hühner und Küken

Vielleicht haben Sie die Möglichkeit, gemeinsam mit Ihren Jüngsten einen Bauernhof in Ihrer Nähe zu besuchen. Dort können die Kinder Hühner in ihrer natürlichen Umgebung sehen. Womöglich haben die Kleinen die Möglichkeit, den Stall sowie das Außengehege der Tiere kennenzulernen.

Es gibt viele verschiedene Rassen, die sich deutlich in Aussehen und Größe voneinander unterscheiden. Zeigen Sie den Kindern eventuell vorhandene Unterschiede und stellen Sie Fragen wie:

„Welche Farbe hat das Huhn?"

„Sieht der Hahn anders aus?"

„Was ist anders an ihm?"

„Wer weiß, welches Geräusch der Hahn/ das Huhn macht?"

Auf diese Weise regen Sie die Kleinen zum Sprechen an und die Kinder schauen ganz genau hin.

Toll ist es natürlich, wenn auch Küken vor Ort sind, die die Kinder betrachten können. Besonders Tiere, die erst wenige Tage alt sind, werden Ihre Kleinen lieben. Die winzigen Küken haben kuschelige flauschige Federn und fühlen sich samtig weich an.

Weisen Sie die Kinder auf einen behutsamen Umgang mit den Tieren hin, bevor sie diese streicheln. Sie werden überrascht sein, wie viel Feingefühl Kinder unter drei Jahren bereits besitzen.

Sollte es Hühnerküken geben, die schon mehrere Wochen alt sind, können Sie den Kindern auch diese zeigen. Im Vergleich zu den frisch geschlüpften Küken, die einem flauschigen Federball gleichen, sehen Tiere, die etwa drei Wochen alt sind, schon deutlich anders aus. Sie sind größer und auch ihr Federkleid hat sich optisch gewandelt. Weisen Sie die Kinder auf diese Unterschiede hin.

Kindern, denen Sie es zutrauen, können Sie ein kleines Hühnerküken – auch unter Aufsicht – in die Hand geben.

Sie werden schnell feststellen, dass ein Besuch auf einem Bauernhof ein wunderbares Erlebnis für Ihre Krippenkinder ist, das sie mit allen Sinnen erleben können. Sie riechen die Landluft, sehen die verschiedenen Tiere, hören das Gackern und Krähen von Huhn und Hahn und spüren deren weiche Federn an den Händen. Wenn möglich, nehmen Sie noch ein paar frische Eier mit in die Einrichtung, die Sie dort weiterverarbeiten können.

„Hüh" wiehert das Pferd

Pferde sind Säugetiere und zählen zu den Einhufern. Es sind Herdentiere, deren Fell schwarz, weiß, rötlich, braun oder gescheckt sein kann. Sie haben eine Mähne, Nüstern und einen Schweif. Mit ihren vier langen, schlanken Beinen können sie sowohl schnell als auch sehr ausdauernd rennen. Das Tempo wird in Schritt, Trab und Galopp unterteilt und sie benötigen viel Platz und Auslauf. Pferde leben mit mehreren Tieren in einer Gemeinschaft, die jedoch in eine strenge Rangordnung unterteilt ist. Pferde eignen sich für verschiedene Tätigkeiten und können beispielsweise Menschen auf dem Rücken tragen, Lasten transportieren, Kutschen oder Pflüge ziehen etc. Es gibt sowohl Arbeits- als auch reine Rennpferde, mit denen ihre Reiter oftmals große sportliche Erfolge erzielen. Pferde unterteilt man in drei Kategorien: Es gibt die temperamentvollen Vollblüter, die ruhigeren Halbblüter und die Kaltblüter. Das Alter eines Pferdes lässt sich an seinen Zähnen ablesen. Pferde haben einen hervorragenden Orientierungssinn und hören und riechen ausgesprochen gut. Der typische Laut eines Pferdes ist zweifelsohne sein Wiehern. Die Tiere sind reine Vegetarier und auf ihrem Speiseplan stehen neben Gras und Heu auch Hafer, Karotten und Äpfel. Pferde benötigen täglich viel frisches Wasser und man muss ihren Stall ausmisten, die Hufe reinigen und das Fell striegeln, damit sich die Tiere so richtig wohlfühlen.

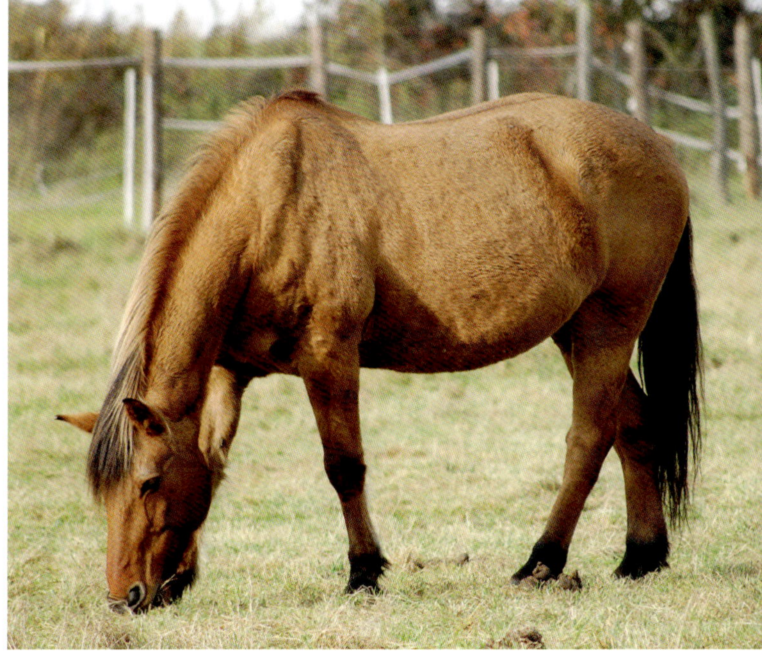

Pferde brauchen viel Auslauf.

Eine Geschichte erzählt von einem starken Pferd und wie dieses bei der Arbeit auf dem Feld hilft.

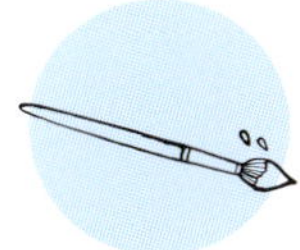

Aus einer Filtertüte und buntem Papier entsteht ein lustiges Pferdchen und die Kinder schulen ihre Feinmotorik.

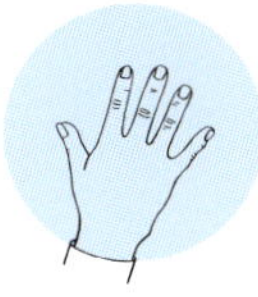

Bei einem Fingerspiel erfahren die Kleinen Wissenswertes über die Lebensweise der Pferde und schulen ihre Sprachentwicklung.

Ein fröhliches Lied lädt zum Mitsingen ein und fördert die Musikalität.

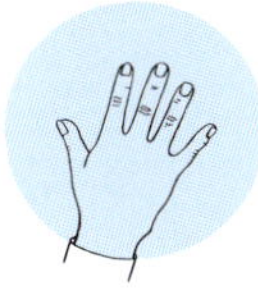

Lustige Kniereiterverse begeistern schon die Allerkleinsten und fördern die Sprachentwicklung und das Körpergefühl.

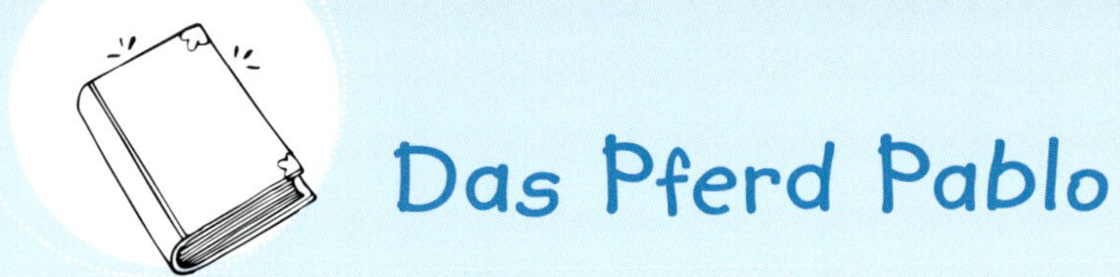

Das Pferd Pablo

➥ Anleitung siehe S. 5

Diese Requisiten brauchen Sie:

- ✓ Tom (Figur oder aus Papier)
- ✓ Sonne (aus Papier)
- ✓ Traktor (aus Papier oder Spielzeug)
- ✓ Anhänger (aus Papier oder Spielzeug)
- ✓ Heugabel (Deko oder Gabel)
- ✓ Stall (braunes Tuch mit Stroh auslegen)
- ✓ Pferd (Figur oder aus Papier)
- ✓ Feld (grünes Tuch)
- ✓ Heu
- ✓ Wolken (aus Papier)
- ✓ Eimer (Spielzeugeimer o. Ä.)
- ✓ Karotten, Äpfel (aus Papier oder aus dem Kinderkaufmannsladen)
- ✓ Regen (blaue Locherpunkte)

Die Geschichte

Tom möchte heute das Heu vom Feld holen, das seine Hasen so gern fressen. Vor einigen Tagen hat er Gras geschnitten und zum Trocknen in der Sonne ausgelegt. Nun wird es Zeit, dieses zu holen, denn für den Abend ist Regen vorausgesagt und nasses Heu mögen die Hasen nicht. Doch noch scheint die **Sonne** und Tom ist auf dem Weg zu seinem Schuppen. Darin steht sein **Traktor**. An diesem muss er noch den **Anhänger** befestigen, was schnell erledigt ist. Der Bauer packt noch seine **Heugabel** ein, um das Heu auf große Haufen zu schieben und in den Anhänger zu laden. Doch als Tom den Schlüssel an seinem Traktor umdreht, geschieht rein gar nichts. Der Motor springt nicht an. „Oh nein! Mein Traktor ist kaputt." Tom muss ihn reparieren. Doch dazu fehlt ihm jetzt die Zeit. Er muss unbedingt das Heu holen, bevor der Regen kommt. Dann hat er eine Idee. „Ich brauche Pablo", sagt er und läuft zum **Stall**. „Hallo, Pablo", begrüßt er sein **Pferd**. „Ich brauche deine Hilfe. Schau, Pablo. Mein Traktor ist kaputt. Ich muss aber unbedingt das Heu vom Feld holen, bevor es regnet. Du musst mir helfen, den Anhänger zu ziehen. Schaffst du das?" – „Hüüüüü", wiehert dieser und die beiden machen sich auf den Weg. Nach kurzer Zeit erreichen sie das **Feld**. Überall liegt das **Heu** herum und Tom muss sich schnell an die Arbeit machen, denn am Himmel ziehen erste **Wolken** auf. „Du hast jetzt Pause. Ich rufe dich, wenn du mir helfen kannst", sagt Tom und löst den Hänger vom Pferd. Fröhlich galoppiert Pablo über die Wiese, wo er saftiges Gras fressen kann. Tom beginnt mit der Arbeit. Er ist eine ganze Weile damit beschäftigt, das Heu auf große Haufen zu schieben und in seinen Anhänger zu laden. Dann ruft er sein Pferd. „Pablo! Wir müssen los!" Schnell galoppiert das Pferd zum Feld, wo Tom es wieder an den Hänger bindet. Und dann zieht Pablo diesen zurück zum Hof. Tom lädt das Heu ab und bringt Pablo zurück in den Stall. „Das hast du prima gemacht", lobt er ihn und streichelt ihm über das weiche Fell. „Du bist ein tolles Pferd. Und weil du mir so gut geholfen hast, gibt es jetzt eine Überraschung für dich." Dann verlässt Tom den Stall und kehrt kurze Zeit später mit einem **Eimer** voller **Karotten** und **Äpfel** zurück. „So ein leckeres Essen hast du dir heute wirklich verdient." Pablo schnappt sich sofort eine Karotte und lässt sie sich schmecken. „Guten Appetit!", ruft Tom ihm zu. – „Hüüüü", wiehert das Pferd und macht sich weiter über das köstliche Futter her. Und Tom? Der geht zurück in den Schuppen, um den Traktor wieder flottzukriegen. Doch gerade als er aus dem Stall herauskommt, fällt ihm ein dicker Regentropfen auf den Kopf. Und dann noch einer und noch einer. Und im Nu ist ein heftiger **Regen** ausgebrochen und prasselt auf die Erde nieder. „Zum Glück habe ich Pablo", sagt er. „Ohne seine Hilfe wäre das ganze Heu jetzt nass geworden." Und dann springt er eilig durch den Regen zurück ins Haus und ist froh, ein Pferd wie Pablo zu haben.

Pferd

Material:

- ✓ 1 braune Filtertüte (Größe 4) pro Kind
- ✓ braune Märchenwolle
- ✓ brauner, weißer, schwarzer Tonkarton
- ✓ Schere
- ✓ Locher
- ✓ Klebstoff
- ✓ Optional: grüner Fotokarton zum Aufkleben

Durchführung:

Für den Kopf:
Bereiten Sie für den Kopf ein braunes Rechteck (7 x 4 cm) vor, für die Augen einen weißen Streifen (1 cm) und für die Ohren ein braunes Rechteck (1,5 x 2,5 cm).

Die Kinder schneiden auf einer schmalen Seite des Kopfes beide Ecken ab. Vom weißen Streifen schneiden sie zwei Stücke als Augen ab und kleben schwarze Locherpunkte als Pupillen auf. Das braune Rechteck schneiden sie diagonal durch und verwenden beide Hälften als Ohren. Die Einzelteile des Gesichtes setzen sie mit Klebstoff zusammen, zwei schwarze Locherpunkte kleben sie als Nüstern auf.

Für den Körper:
Schneiden Sie für die Beine zwei braune Streifen (2 x 20 cm) zu, für die Hufe zwei schwarze Kreise (3 cm), für den Hals einen braunen Streifen (3 cm) und legen Sie die Filtertüte sowie die Märchenwolle bereit.

Die Kinder halbieren die beiden braunen Streifen und verwenden die entstandenen vier Stücke als Beine. Vom dicken braunen Streifen schneiden sie ein etwa 10 cm langes Stück als Hals ab. Die Kreise halbieren sie, verwenden die Halbkreise als Hufe und befestigen sie an den Beinen. Für den Bauch falten Sie die Filtertüte auf der geschlossenen Seite etwa 3 cm weit um und kleben dieses Stück an der Tüte fest. Die Kinder befestigen die Beine in der Filtertüte und kleben den Hals zwischen Kopf und Bauch. Etwas Märchenwolle fixieren sie als Schwanz und fertig ist ein fröhliches Pferdchen.

Der Pferdekopf entsteht.

Beine braucht das Pferdchen natürlich auch.

Tipp:

Wenn Sie möchten, kleben Sie das Pferd auf einen grünen Fotokarton, dann kann es fröhlich über eine Wiese galoppieren.

Fünf Pferde

Verse sprechen …	Finger spielen …
Fünf Pferde springen im Galopp auf einer Weide: hopp, hopp, hopp.	Fünf Finger einer Hand zeigen; Hände patschen 3-mal auf Oberschenkel
Das erste Pferd hat weiches Fell.	Daumen zeigen; mit der Hand über den Körper streichen;
Das zweite, ja, das rennt sehr schnell.	Daumen und Zeigefinger zeigen; stampfen
Das dritte Pferd hat schöne Zähne,	Daumen, Zeige- und Mittelfinger zeigen/ Zähne zeigen;
das vierte eine lange Mähne.	Daumen, Zeige-, Mittel- und Ringfinger zeigen; auf Haare deuten
Das fünfte frisst am Heu sich satt,	Alle fünf Finger zeigen, mit dem kleinen Finger wackeln;
weil es so großen Hunger hat.	Kaubewegungen ausführen
Am Abend, das weiß jedes Kind, da gehn sie in den Stall geschwind.	Hände patschen auf Oberschenkel
Fünf Pferdchen stehen dicht an dicht, sie wärmen sich und frieren nicht.	Fünf Finger einer Hand zeigen; Arme um den Körper schlingen

Fünf Pferdchen stehen dicht an dicht …

Hopp, hopp, hopp

Melodie: traditionell, „Grün, grün, grün" | **Text:** Eva Danner

2.

Hopp, hopp, hopp, so läuft mein kleines Pferdchen.
Hopp, hopp, hopp, jetzt springt es aber schnell.
Eine Mähne hat das kleine Pferdchen
und es hat ein glänzend braunes Fell.

3.

Hopp, hopp, hopp, so läuft mein kleines Pferdchen.
Hopp, hopp, hopp, läuft es durchs ganze Land.
Einen Sattel brauch ich, es zu reiten
und die Zügel halt ich in der Hand.

4.

Hopp, hopp, hopp, so läuft mein kleines Pferdchen.
Hopp, hopp, hopp, es sucht das große Glück.
Wird es dunkel, geht das Pferdchen sicher,
dann nach Hause in den Stall zurück.

5.

Hopp, hopp, hopp, nun ist das kleine Pferdchen,
hopp, hopp, hopp, ganz müd, will seine Ruh.
Darum schläft es bei der Pferdchen-Mama
und macht schnell die kleinen Augen zu.

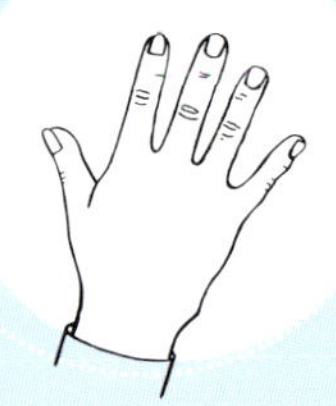

Von den Pferden

„Hopp, hopp, hopp“

Hopp, hopp, hopp,
immer im Galopp.
Läuft das Pferdchen auf der Wiese,
keine ist so schön wie diese.
Hopp, hopp, hopp,
immer im Galopp.

„Das Pferd steht auf der Weide“

Das Pferd steht auf der Weide.
Es tut dir nichts zuleide.
Es rennt erst langsam und dann schnell
und hat ein glänzend weiches Fell.
Jetzt springt es über einen Zaun,
so hoch und weit, man glaubt es kaum.
Doch schon bald kommt es zurück:
Zum Glück!

Gut zu wissen:

Das Kind sitzt, mit dem Gesicht Ihnen zugewandt, auf Ihrem Schoß. Während Sie den Vers sprechen, wippen Sie das Kind auf Ihren Knien leicht auf und ab.

Von hoppelnden Hasen

Als **Stallhasen** bezeichnet man allgemein **Hauskaninchen**, die für die **Pelz- und Fleischproduktion** verwendet werden. Es sind Säugetiere, die zur Familie der Hasenartigen zählen. Ihr Fell ist weich und kann verschiedene Farben haben. Die geselligen Tiere sind Pflanzenfresser und mögen neben Gras, Heu und diversen Kräutern auch Karotten, Salat und Äpfel. Hasen benötigen täglich frisches Wasser und man muss regelmäßig den Stall säubern und ihre Krallen schneiden. Die Tiere nagen und graben gern und verstecken sich in Höhlen oder Mulden. Sie benötigen Platz zum Springen und Hoppeln, weshalb man auf ein ausreichend großes Außengelände achten sollte, in dem die Hasen viel **Bewegung** haben. Sie rennen extrem schnell und können Haken schlagen, um ihre Feinde abzuschütteln. Dabei wechseln sie blitzschnell die Richtung und verwirren ihre Angreifer damit. Hasen erkennen sich an ihrem individuellen Geruch, weshalb man die Tiere oft dabei beobachten kann, wie sie sich gegenseitig beschnuppern. Hasen hören ausgesprochen gut, können ihre Ohren (Löffel) in unterschiedliche Richtungen drehen und unabhängig voneinander bewegen. Die Tiere verfügen weiterhin über einen guten Geruchssinn und sehen hervorragend. Sie markieren ihr Revier und bringen viele Jungen zur Welt. Hasen können unterschiedliche Laute von sich geben, wie brummen, knurren, fauchen oder aber sie klopfen mit den Hinterläufen auf den Boden.

Im Stall haben es die Tiere schön warm.

Eine Geschichte erzählt vom kleinen Hasen Hoppel, der nachts allein in den Wald läuft.

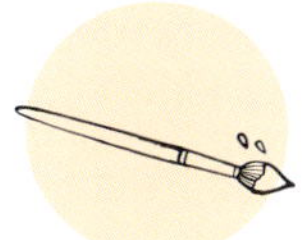

Die Kinder gestalten selbst einen tollen Hasen und erleben dabei das Wachstum von Kresse hautnah.

Ein einfaches Fingerspiel fördert die Sprachentwicklung und die Koordination der Kinder.

Ein lustiges Lied macht schon den Kleinsten Freude und animiert sie zum Mitsingen.

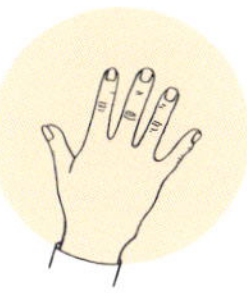

Bei abwechslungsreichen Bewegungsstationen dürfen sich die Kinder körperlich erproben und schulen ihre Motorik.

Hase Hoppel büxt aus

➥ Anleitung siehe S. 5

Diese Requisiten brauchen Sie:

- Tom (Figur oder aus Papier)
- Wiese (grünes Tuch)
- Hasen und Hoppel (Figuren oder aus Papier
- Stall (Karton mit braunem Tuch auslegen)
- Heu
- Mond (aus Papier)
- Taschenlampe
- Schüssel
- Salat/Karotten (aus Papier, echt oder aus dem Kinderkaufmannsladen)

Die Geschichte

Tom hat für seine **Hasen** ein tolles Gehege gebaut. Dazu hat er ein Stück der **Wiese** eingezäunt. So haben die Tiere viel Platz zum Hoppeln. Die Nacht verbringen sie im Stall. Der Bauer ist gerade dabei, die Hasen in den warmen Stall zu bringen. Nur ein kleiner brauner Hase bleibt in der Ecke sitzen. „Hallo, **Hoppel**", sagt Tom. Doch Hoppel dreht dem Bauern das Hinterteil zu. Das ist seine Art, zu sagen: *Ich würde viel lieber auf der Wiese bleiben, anstatt die Nacht im* ***Stall*** *zu verbringen.* Tom weiß, dass Hoppel am liebsten die ganze Zeit draußen wäre. Aber nachts ist es kalt und deshalb müssen alle Hasen in den Stall. Alle, auch Hoppel. Tom bringt zuerst die anderen hinein und trägt einen nach dem anderen ins weiche **Heu**. Doch als Tom Hoppel auf den Arm nehmen will, springt der Hase davon. „Hoppel!", ruft Tom und rennt ihm hinterher. Doch jedes Mal, wenn Tom ihn beinahe erwischt, schlägt der Hase einen Haken und saust davon. Und dann passiert es: Hoppel springt über den Zaun und läuft davon. „Hoppel!", brüllt Tom aufgeregt. Noch nie zuvor ist der Hase so hoch gesprungen. Inzwischen ist die Sonne untergegangen und der **Mond** leuchtet am Himmel. „Bitte komm zurück, Hoppel!", ruft Tom. Doch der Hase ist weg. Und weil es schon dunkel ist, kann der Bauer kaum etwas sehen. Schnell holt er eine **Taschenlampe**. Immer wieder ruft er Hoppels Namen. Aber er kann den kleinen Hasen nicht finden. „Wo bist du? Bitte komm her, Hoppel!" Tom weiß, dass es für Hasen gefährlich sein kann, wenn sie nachts allein unterwegs sind. Vor allem im Wald. Da schleichen Füchse umher und Eulen fliegen herum, die einen kleinen Hasen vielleicht fangen wollen. „Ich muss ihn unbedingt finden", sagt Tom und sieht überall nach. Doch die Suche bleibt erfolglos. Hoppel bleibt verschwunden. Der Bauer weiß nicht, was er tun soll. Niedergeschlagen holt er das Futter für die anderen Hasen und geht zurück in den Stall. Schließlich müssen die Tiere etwas fressen, auch wenn Tom im Augenblick andere Sorgen hat. Mit einer **Schüssel Salat** und **Karotten** macht er sich auf den Weg zurück zum Stall. Doch dann glaubt er seinen Augen nicht zu trauen: Vor dem Stall sitzt ein kleiner brauner Hase. „Hoppel!", ruft Tom und nimmt diesen auf den Arm. „Ich habe mir große Sorgen gemacht." Tom ist nicht böse auf den kleinen Ausreißer, sondern froh, dass dieser gesund und munter zurück ist. „So, dann darfst du dir jetzt mit deinen Freunden das Abendessen schmecken lassen", sagt Tom, setzt Hoppel in den Stall und verteilt Salat und Karotten, bevor diese sich ins warme Heu kuscheln. Und auch Tom kann nun beruhigt schlafen gehen, denn er weiß, dass alle Tiere sicher im Stall sind. Und Hoppel? Der wird so schnell nicht mehr ausbüxen, da ist sich Tom sicher. Denn in der Dunkelheit ist der mutigste Hase nicht gern allein. Und der mutigste Bauer auch nicht. Und deshalb geht Tom schnell zurück ins Haus, wo sein gemütliches Bett auf ihn wartet.

Hasentopf

Material:

- ✓ Tontopf (13–15 cm Durchmesser)
- ✓ hellbrauner, dunkelbrauner, weißer, schwarzer Fotokarton
- ✓ Klebstoff
- ✓ Schere
- ✓ Locher
- ✓ Heißkleber
- ✓ Holzspieß
- ✓ Doppelseitiges Klebeband

Zusätzlich:

- ✓ Blumenerde
- ✓ Schaufel
- ✓ Kressesamen
- ✓ Gießkanne
- ✓ Schüssel
- ✓ Tuch

Der Hasenkopf entsteht.

Durchführung:

Für den Kopf:

Bereiten Sie für den Kopf ein dunkelbraunes Rechteck (10 x 12 cm) vor, für die Augen einen weißen Streifen (1,5 cm), für die Barthaare einen schwarzen (0,5 x 45 cm) und für die Nase einen Streifen (1,5 cm) sowie zwei dunkelbraune Rechtecke (3 x 10 cm) für die Ohren. Die Kinder schneiden am Kopf alle vier Ecken ab. Vom weißen Streifen schneiden sie zwei Stücke als Augen ab und kleben schwarze Locherpunkte als Pupillen auf. Den dünnen schwarzen Streifen schneiden sie in drei Teile und verwenden diese als Barthaare. Vom dicken schwarzen Streifen schneiden sie ein Stück als Nase ab. An den Ohren schneiden die Kleinen auf jeweils einer schmalen Seite beide Ecken ab. Die Einzelteile des Gesichtes setzen sie mit Klebstoff zusammen.

Für die Beine:

Schneiden Sie für die Beine zwei dunkelbraune Streifen (16 x 3 cm) zu sowie zwei hellbraune Kreise (5 cm) für die Pfoten. Die Kleinen schneiden die Streifen und Kreise mittig durch und verwenden die entstandenen Hälften als Beine und Pfoten.

Sachbetrachtung:

Bevor Sie gemeinsam mit Ihren Jüngsten die Töpfe mit Erde füllen, bietet sich eine Sachbetrachtung der Kressesamen an.

Füllen Sie die winzigen Samen in eine Schüssel und decken diese mit einem Tuch zu. Bitten Sie die Kinder, vorsichtig unter das Tuch zu fassen. Hat sich dort etwas versteckt? Wie fühlt es sich an? Sprechen Sie mit den Kleinen darüber, was sie gespürt haben.

So sieht Kresse aus.

Hasentopf

So klein sind also Kressesamen.

Entfernen Sie das Tuch und lassen Sie die Kinder die Samen betrachten und befühlen. Wie sehen diese aus? Was könnte es sein und was könnte mal daraus werden?

Erde und Samen werden eingefüllt.

Erklären Sie ihnen, worum es sich bei diesen kleinen Körnchen handelt und was man damit machen kann. Im Anschluss erfolgt das eigentliche Befüllen der Tontöpfe.

So sieht ein fertiger Hasetopf aus.

So füllen Sie die Tontöpfe:

Jedes Kind erhält einen eigenen Topf, den es mit Erde füllen darf. Mithilfe einer kleinen Schaufel, können bereits Kinder unter 3 Jahren gut umgehen und mit etwas Hilfe gelingt es ihnen, den Topf mit der braunen Erde zu füllen.

Jetzt darf jeder einige Kressesamen oben auf die Erde streuen, was eine gute Auge-Hand-Koordination und Fingerfertigkeit verlangt. Die Kleinen schulen dabei nicht nur ihre Feinmotorik, sondern es macht ihnen auch eine Menge Spaß.

Zuletzt werden die Töpfe noch angegossen und dann heißt es einige Tage warten, bis die Kresse zu keimen beginnt. Achten Sie darauf, dass die Blumenerde immer gut feucht ist und die Töpfe an einem sonnigen Platz stehen.

Kleben Sie den Holzspieß von hinten an den Hasenkopf und stecken Sie diesen in die Erde. Die Hasenbeine fixieren Sie seitlich und auf der Unterseite des Topfes mit doppelseitigem Klebeband oder Heißkleber.

Von den Häschen

Verse sprechen ...	**Finger spielen ...**
Das ist das Bauernhaus. Jetzt kommt der Bauer raus.	Arme formen einen Kreis; stampfen
Geht in den Stall hinein, zu seinen Häschen klein.	Hände formen ein Dach; Daumen und Zeigefinger stellen „klein" dar
Sie haben weiches Fell, hoppeln herbei ganz schnell.	Mit der Handfläche über den Körper streichen; mit den Händen auf Oberschenkel patschen
Endlich ist Essenszeit und alle sind bereit.	Auf eine imaginäre Uhr schauen; ausladende Handbewegung
Knabbern an jedem Blatt, essen sich richtig satt.	Pantomimisch an etwas knabbern; mit der Handfläche über den Bauch reiben
Der Bauer geht nach Haus und unser Spiel ist aus.	Stampfen

Das Fingerspiel macht allen Spaß!

Das Häschen

Melodie: traditionell, „Ein Vogel wollte Hochzeit machen“ | **Text:** Eva Danner

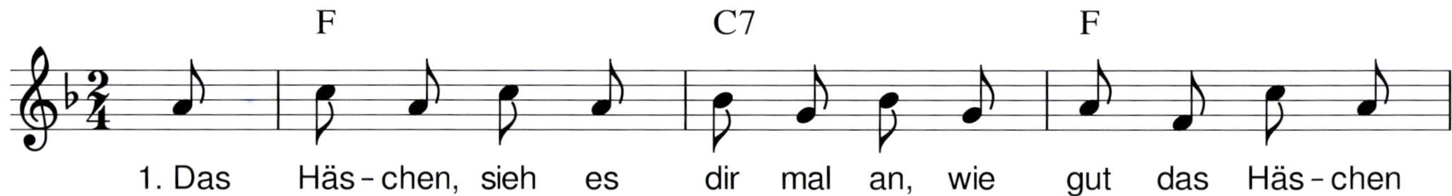

2.

Es hoppelt durch das grüne Gras,
das macht dem Häschen großen Spaß.
Ja, das macht ihm Spaß.
Ja, das macht ihm Spaß.
Ja, das macht ihm großen Spaß.
(Bewegung: Hoppeln)

3.

Und wenn das Häschen Hunger hat,
dann knabbert es ein grünes Blatt.
Wenn es Hunger hat,
wenn es Hunger hat,
knabbert es ein grünes Blatt.
(Bewegung: pantomimisch knabbern)

4.

Am Abend schläft es müde ein
und kuschelt sich ins Stroh hinein.
Und dort schläft es ein.
Und dort schläft es ein.
Und dort schläft es ganz schnell ein.
(Bewegung: auf den Boden legen und Augen schließen)

Gut zu wissen:

Wenn sie möchten, dürfen die Kinder die Strophen mit den entsprechenden Bewegungen begleiten

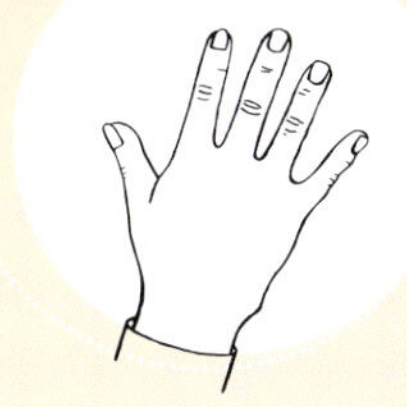

Unterwegs mit Hase Hoppel

Die Hasen auf Bauer Toms Bauernhof haben ein großes Außengehege, in dem sie nach Herzenslust herumhüpfen können. Heute dürfen die Kinder diese bei ihren Erkundungen begleiten.

Station: Zaun

Das brauchen Sie:

- ✓ 4 Hütchen
- ✓ 2 Gymnastikstangen

So geht es:
Stecken Sie jeweils eine Gymnastikstange zwischen zwei Hütchen und platzieren Sie die beiden Hindernisse in etwa einem Meter Abstand zueinander (= Gartenzaun).

Erzählen Sie den Kleinen, dass die Hasen manchmal aus ihrem Gehege ausbüxen und über den Zaun springen. Die Kinder steigen über die beiden Hindernisse hinweg und schulen dabei ihr Körpergefühl und ihre Kondition.

Station: Maulwurfshügel

Das brauchen Sie:

- ✓ 2 Langbänke
- ✓ 5 Gummiringe
- ✓ 5 Bälle
- ✓ eventuell Matten zum Absichern

So viele Maulwurfshügel sind auf der Wiese.

So geht es:
Stellen Sie die beiden Bänke (= Wiese) aneinander und platzieren Sie die Gummiringe mit den Bällen darauf (= Maulwurfshügel). Berichten Sie den Kindern, dass die Hasen nun fröhlich über die Wiese springen, aber überall im Gras Maulwurfshügel sind. Die Kleinen balancieren über die Bank auf die andere Seite und steigen dabei über die Hindernisse hinweg. Wenn nötig, geben Sie ihnen hierbei Hilfestellung. Dabei schulen die Kinder ihr Körpergefühl und ihre Koordination.

Station: Wald

Das brauchen Sie:

- ✓ 1 Weichbodenmatte
- ✓ 1 Holzwippe

Schnell noch über den Hügel und dann zum Bauernhof zurück.

So geht es:
Stellen Sie die Weichbodenmatte so auf, dass eine Art Tunnelgang entsteht (= Wald), und platzieren Sie auf einer Seite die umgedrehte Holzwippe (= Hügel). Berichten Sie, dass die Hasen manchmal bis zum Waldrand hoppeln. Um zum Hof zurückzugelangen, müssen sie über einen kleinen Hügel klettern. Die Kinder laufen durch den Wald und krabbeln oder laufen anschließend über die Wippe, was ihren Gleichgewichtssinn, ihre Ausdauer und die Arm- und Beinmuskulatur stärkt.

„Miau" maunzt die Katze

Katzen sind Säugetiere und gehören zur Familie der Katzenartigen. Es sind weiterhin Raubtiere, was man an ihrem Raubtiergebiss deutlich erkennen kann. Die langen Eckzähne dienen hierbei zum Festhalten der Beute. Es gibt unzählige Rassen dieser Kleinkatzen, welche sich in Fellfarbe, Haarlänge und Augenfarbe voneinander unterscheiden. Männliche Tiere nennt man Kater und sie sind meist größer als die Weibchen. Kennzeichnend für alle Hauskatzen sind ihr runder Kopf, die kleinen Ohren, die Tasthaare und der lange Schwanz. Eine Besonderheit bei Katzen sind ihre einziehbaren Krallen, die sie bei Bedarf blitzschnell ausfahren können, z.B. um ihre Beute zu packen. Sie sind sehr reinlich und putzen sich gern. Ihr Fell halten sie sauber, indem sie es mit der Zunge abschlecken. Katzen verfügen über ausgezeichnete Sinne. Sie hören hervorragend und können auch in der Dunkelheit extrem gut sehen. Katzen springen sehr hoch, rennen schnell, schleichen lautlos und klettern prima, was sie zu ausgesprochen guten Jägern macht. Ihre Laute, vor allem das Miauen, kennen schon Krippenkinder. Doch die Tiere können ebenfalls schnurren, wenn sie sich wohlfühlen, oder schreien und fauchen, wenn man sie angreift oder sie ihr Revier verteidigen. Katzen sind, wie alle Raubtiere, Fleischfresser und fangen auf Bauernhöfen auch gern Mäuse. Man sollte den Tieren ausreichend Streicheleinheiten zukommen lassen. Die neugierigen und verspielten Tiere lieben es, wenn man sie krault oder streichelt.

Carlos

Eine Geschichte erzählt von Kater Carlos, der eine tolle Neuigkeit für den Bauern bereithält.

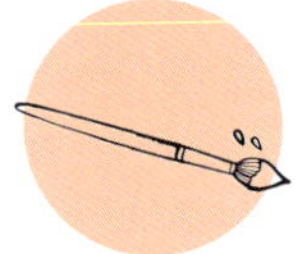

Jeder darf eine kleine Katze in der Farbe seiner Wahl basteln und fördert dabei seine Feinmotorik.

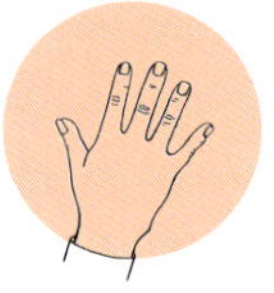

Ein lustiges Fingerspiel fördert die Sprachentwicklung und die Koordination der Kinder.

Ein Lied berichtet vom Alltag einer Katze und regt die Kleinen zum Mitsingen an.

Bei einer kurzen Geschichte können sich die Kinder massieren lassen, ihren Körper spüren und wunderbar zur Ruhe kommen.

Der Kater Carlos

➥ Anleitung siehe S. 5

Diese Requisiten brauchen Sie:

- ✓ Sonne (aus Papier)
- ✓ Himmel (blaues Tuch)
- ✓ Bauernhaus (aus Papier oder konstruieren)
- ✓ Tom (Figur oder aus Papier)
- ✓ Kirschbaum (aus Papier)
- ✓ Stall (braunes Tuch mit Stroh auslegen)
- ✓ Korb
- ✓ Katze und Carlos (Figuren oder aus Papier)
- ✓ Katzenbabys (Figuren oder aus Papier)
- ✓ Schälchen (flache Schüssel oder Teller)
- ✓ Decke (Tuch oder Stoff)

Die Geschichte

Kater Carlos spaziert den ganzen Tag auf dem Bauernhof herum. Er ist neugierig, klettert auf Mauern, schleicht durch die Ställe und steckt seine Nase überall hinein. Doch jeden Morgen, genau bei Sonnenaufgang, kommt er zum **Bauernhaus** gelaufen und miaut. Tom öffnet ihm dann die Tür und gibt ihm Futter. Das ist jeden Morgen so. Nur heute nicht. Es ist schon fast Mittag und die **Sonne** scheint am **Himmel**. Doch von Carlos ist weit und breit nichts zu sehen. „Seltsam", sagt **Tom**. „Normalerweise kommt er doch jeden Morgen, um sich sein Futter abzuholen. Wo steckt er nur? Hoffentlich ist ihm nichts passiert." Tom beschließt, seinen Kater zu suchen. „Irgendwo muss er doch sein." Als Erstes führt ihn seine Suche zum nahe gelegenen **Kirschbaum**. Dort klettert Carlos gern herum. „Carlos!", ruft Tom, doch der Kater antwortet nicht. „Hier ist er nicht", stellt er fest und geht weiter. Als Nächstes sieht er im **Stall** nach. Dort schleicht Carlos oft umher und sucht nach Mäusen. Doch auch da ist er heute nicht. „Wo kann er nur sein?" Dann sieht Tom auf der Weide und beim großen Misthaufen nach und schaut sich auch auf dem Dachboden des Bauernhauses um. Aber Carlos bleibt verschwunden. „Das gibt's doch nicht." Inzwischen macht sich der Bauer große Sorgen um seinen Kater. Niedergeschlagen setzt er sich in der Scheune auf den Boden. Plötzlich hört er etwas und spitzt die Ohren. Leise schleicht Tom sich näher heran und bemerkt einen alten **Korb**. Im Winter benutzt er ihn, um Feuerholz ins Haus zu tragen. Aber jetzt im Sommer braucht er ihn nicht. Und genau aus diesem Korb kommt das Geräusch. Tom nähert sich und traut seinen Augen nicht. Im Korb liegt eine **Katze**. Und bei ihr liegen drei kleine **Katzenbabys**. „Na, wer seid ihr denn?", fragt Tom überrascht. Auf einmal schleicht sein Kater um die Ecke. „Miau." – „**Carlos!**", ruft der Bauer. „Da bist du ja. Ich habe dich schon den ganzen Morgen über gesucht. Was machst du denn?" Dann ist Tom plötzlich still und betrachtet die Katzenkinder im Korb. „Sind das etwa deine Babys?" – „Miau", maunzt der Kater. „Das heißt dann wohl ja", lacht Tom. „Du bist Papa geworden", freut der Bauer sich und streichelt Carlos über das weiche Fell. „Deshalb bist du heute Morgen nicht gekommen. Du warst hier bei deinen Babys. Na, wenn du heute nicht zu mir kommen kannst, dann bringe ich das Futter eben zu dir. Und für deine kleine Familie bringe ich auch etwas." Dann verschwindet Tom und kehrt kurze Zeit später mit einem großen **Schälchen** frischer Milch zurück. Unter dem Arm trägt er eine **Decke**. „Das ist für euch", sagt er und stellt die Milch auf den Boden. Die Decke legt er in den Korb, damit die Katzen es warm und gemütlich haben. Er ist froh, dass es seinem Kater gut geht. Und er freut sich auch über die kleinen Katzenbabys, die inzwischen in ihrem Körbchen eingeschlafen sind.

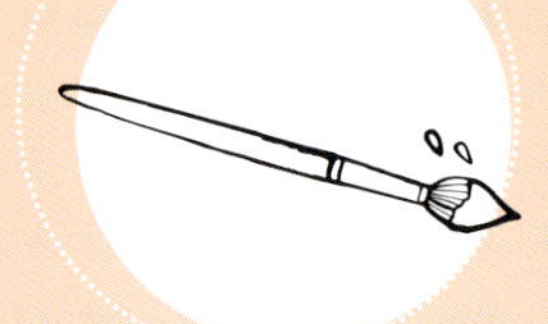

Schnurrendes Kätzchen

Material:

- schwarzer, weißer, roter, brauner, oranger Tonkarton
- farbiger Chenilledraht
- Schere
- Klebstoff
- Locher
- Lochzange

Es wird geschnitten und geklebt …

Durchführung:

Für den Kopf:
Bereiten Sie für Kopf und Ohren ein Quadrat (7 x 7 cm) sowie zwei weitere Quadrate (3 x 3 cm) in der Farbe der Wahl der Kinder vor, für Augen und Nase einen weißen und einen schwarzen Streifen (1 cm), für die Schnurrhaare einen schwarzen Streifen (0,3 x 30 cm) und für den Mund einen roten Kreis (2 cm). Die Kinder schneiden am Kopf alle vier Ecken ab und die Ohren jeweils auf einer Seite spitz zu. Vom weißen Streifen schneiden sie zwei Stücke als Augen ab und kleben schwarze Locherpunkte als Pupillen auf. Vom breiten schwarzen Streifen schneiden sie ein Stück als Nase ab, den dünnen Streifen dritteln sie und verwenden die Stücke als Schnurrhaare.

… bevor die Katze fertig ist.

Den roten Kreis schneiden die Kinder mittig durch und verwenden eine Hälfte als Mund. Die Einzelteile des Kopfes setzen sie mit Klebstoff zusammen.

Für den Körper:
Schneiden Sie für den Bauch einen Kreis (20 cm) in der Farbe der Wahl der Kinder zu und legen Sie den Chenilledraht in der gewünschten Schwanzfarbe bereit. Die Kinder halbieren den Kreis und verwenden eine Hälfte als Bauch. Vom Chenilledraht schneiden sie ein Stück als Schwanz ab. Den Kopf befestigen die Kleinen am Bauch. Mithilfe der Lochzange stanzen Sie ein Loch in den Bauch und fixieren daran den Katzenschwanz. Fertig!

Der Kater

Verse sprechen …	**Finger spielen …**
Es ist noch früh, die Sonne lacht, der Kater ist grad aufgewacht.	Finger beider Hände spreizen (= Sonne); sich recken und strecken; gähnen
Er macht „Miau“, ganz still und leis, sein Fell ist schwarz, ein bisschen weiß.	Leise „Miau“ sagen
Der Kater streckt den Kopf empor, nun ruft er lauter als zuvor.	Kopf nach oben strecken; etwas lauter „Miau“ rufen
Jetzt läuft er auf der Mauer lang und ruft, so laut er rufen kann.	Hände patschen auf Oberschenkel; laut „Miau“ rufen
Nun legt er sich ins Gras hinein, genießt den warmen Sonnenschein.	Kopf auf gefaltete Hände legen
Flüstert nun, um nicht zu stören: „Miau, miau.“ Kannst du es hören?	Leise „Miau“ flüstern

Gut zu wissen:

Wenn Sie das Spiel lieber mit einer Katze anstelle des Katers spielen möchten, ersetzen sie „Kater“ einfach durch „Katze“.

Der kleine Kater wetzt die Krallen.

Die liebe, kleine Katze

Melodie: traditionell, „In einem kleinen Apfel" | **Text:** Eva Danner

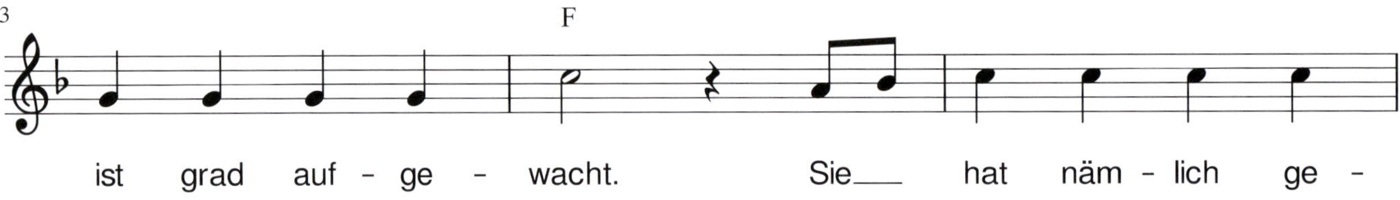

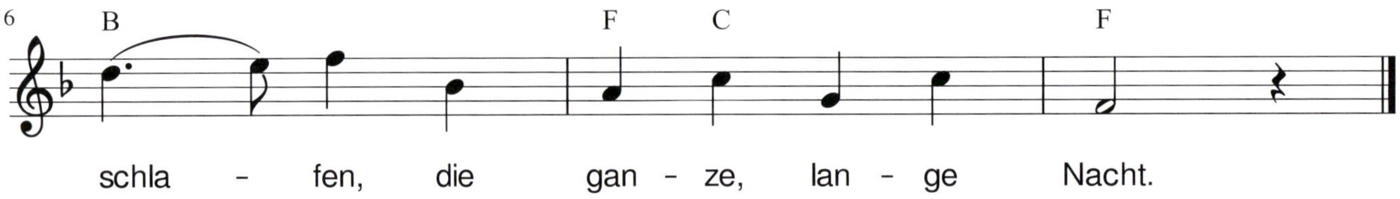

2.

Jetzt reibt sie ihre Augen
und streckt die Beine aus.
Und dann spaziert sie fröhlich,
aus ihrem Haus heraus.

3.

Nun schleckt die kleine Katze,
das muss nämlich so sein,
sich ihre weiche Tatze,
im warmen Sonnenschein.

4.

Es ruft die liebe Katze,
ganz leise nun: „Miau."
Drum spitz mal deine Ohren,
dann hörst du es genau.

5.

Am Abend wird die Katze,
dann müd will ihre Ruh.
Sie kuschelt sich ins Bettchen
und macht die Augen zu.

Gut zu wissen:

Wenn Sie das Lied lieber von einem Kater singen möchten, ersetzen Sie Katze einfach durch Kater.

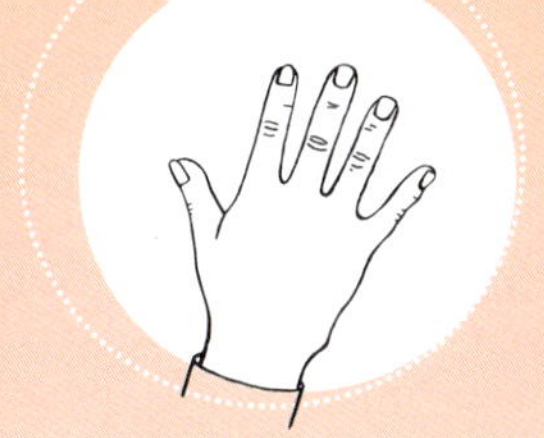

Katzen-Massage

Die Katze, die ist lieb und nett
und schleicht ganz leise an dein Bett.
Die Massage beginnt;
Kind liegt entspannt auf dem Rücken

Sie stupst dich mit der Nase an
und streift an deinem Hals entlang.
Mit dem Finger die Nasenspitze antippen,
mit der Außenseite der Hand über den
Hals streichen

Nun schnuppert sie an deinem Haar,
das kitzelt lustig, das ist klar.
Mit der Hand durch die Haare wuscheln

Die Katze streichelt deinen Arm,
ihr Fell ist weich und zart und warm.
Gleichzeitig beide Arme des Kindes von
oben nach unten entlangstreichen,
beginnend vom Schulterblatt

Auch die Hand berührt die Katze,
mit ihrer samtig weichen Tatze.
Erst beide Handflächen außen, dann
innen berühren

Sogar die vielen Fingerlein,
die kitzelt unser Kätzelein.
Nacheinander an allen zehn Fingern
leicht ziehen

Legt sich schwups auf deinen Bauch,
so was machen Katzen auch.
Mit der flachen Hand kreisförmig
über den Bauch reiben

Jetzt läuft sie dir noch um das Bein,
ihr Fell ist weich, das muss so sein.
Mit den Fingerspitzen über
die Beine „laufen"

Doch nun geht die Katz´ nach Hause,
unser Spiel macht eine Pause.
Die Massage endet.

Katzen, Pferde, Schafe Kühe – auf Bauer Toms Bauernhof findet jeder einen Platz.

„Fiep" macht das Mäuslein

Mäuse sind **Nagetiere** und mit ihren bis zu 25 Gramm leichte Säugetiere, die sich in den kleinsten Spalten verstecken können. Ihr Fell ist glatt, kurzhaarig und meist grau oder braun. Typisch für Mäuse sind die kleinen runden Knopfaugen, die großen Ohren und der lange, dünne Schwanz.

© Wiltrud – Fotolia.com

Das Mäuschen knabbert seine Körner.

Zusätzlich verfügen die Tiere über sogenannte Tasthaare, mit denen sie Luftveränderungen und Oberflächen erfassen. Mäuse sind **Allesfresser** und vertilgen von Gras über Kräuter bis hin zu Getreide, Nüssen oder Insekten nahezu alles. Ihr Zuhause sind Äcker, Wiesen und Weiden oder wenn sie sich in der Nähe von Menschen aufhalten auch Scheunen, Dachböden, Keller oder Vorratskammern. In freier Wildbahn leben die Nager in unterirdischen Höhlensystemen, die sich über große Distanzen erstrecken. Mäuse sind sowohl tag- als auch nachtaktiv und nahezu **überall auf der Welt** anzutreffen. Sie können hervorragend riechen und noch besser hören. Mäuse nehmen selbst Ultraschallgeräusche wahr, über welche sie auch miteinander kommunizieren.

Eine Geschichte erzählt von der schnellsten Maus auf dem Hof und davon, wie wichtig es ist, Freunde zu haben.

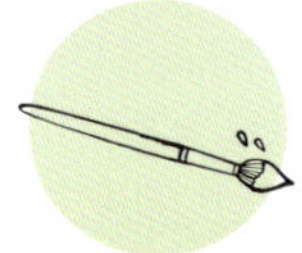

Aus einer Filtertüte und Papier entsteht ein kleines Mäuslein und die Kinder schulen ihre Auge-Hand-Koordination.

Ein lustiges Kniereiterspiel fördert die Sprachentwicklung der Kinder und regt ihre Körperwahrnehmung an.

Ein Lied berichtet vom Leben der Mäuse und regt die Kleinen zum Mitsingen an.

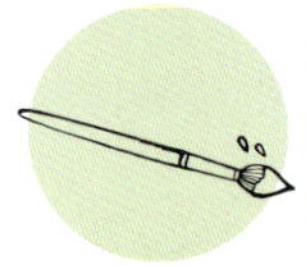

Mit dieser einfachen Nähanleitung können Sie im Handumdrehen eine kleine Kuschelmaus anfertigen und haben ein Geschenk zum Beispiel für den Geburtstag, woran die Kinder sicher viel Freude haben.

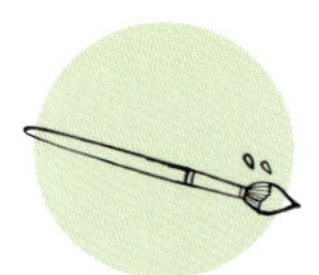

Bei dieser Gestaltungsidee können Sie ein kleines Mäuschen aus Leder herstellen, das bei Fingerspielen Verwendung finden kann.

Max, die Maus

➡ Anleitung siehe S. 5

Diese Requisiten brauchen Sie:

- ✓ Mäuse, Max (Figuren oder aus Papier)
- ✓ Käse (Kaufmannsladen)
- ✓ Getreidekörner
- ✓ Kater (Figur oder aus Papier)
- ✓ Mauseloch (Schüssel o. Ä. mit Tuch auslegen)
- ✓ Speck (Kaufmannsladen oder Stück eines rosafarbenen Schwamms verwenden)

Die Geschichte

Auf dem Bauernhof leben viele **Mäuse**, da es dort immer genug zu fressen gibt. Die schnellste Maus ist **Max**. Niemand kann so schnell rennen wie er. Darauf ist Max natürlich stolz. Leider ist er deswegen auch ein wenig eingebildet. Eines Tages fragt eine andere **Maus**: „Willst du mit mir spielen?" – Max dreht sich um. „Mit dir? Du bist mir viel zu langsam. Such dir jemand anderen." Und mit diesen Worten flitzt Max einfach davon. Am nächsten Tag hat er ein großes Stück **Käse** aus dem Bauernhaus stibitzt. „Hmmm!", ruft eine alte **Maus**. „Würdest du mir ein Stück von dem leckeren Käse abgeben?" – „Du willst, dass ich meinen Käse mit dir teile?", sagt Max empört. „Wenn du welchen willst, muss du ihn dir selbst besorgen." – „Aber ich bin nicht mehr so flink wie du. Am Ende erwischt mich noch der Bauer." – „Pech!", schnauzt Max und verspeist den Käse allein. So dauert es nicht lange und die anderen Mäuse gehen Max aus dem Weg. Er ist gemein und nach einer Weile auch ganz allein. „Ist mir doch egal", sagt er laut. „Ich brauche keine Freunde. Ich brauche niemanden. Ich bin die schnellste Maus der Welt." Eines Morgens knabbert er **Getreidekörner**. Er ist so damit beschäftigt, dass er nicht merkt, wie der **Kater Carlos** sich ihm auf leisen Sohlen nähert. Als dieser nur noch einen Katzensprung von Max entfernt ist, ruft eine Maus: „Pass auf!" Erschrocken dreht Max sich um, doch vor Schreck bleibt er einfach reglos sitzen. „Lauf weg!", brüllt die Maus, doch Max bewegt sich nicht. Da schnurrt der Kater und setzt zum Sprung an. So einen Leckerbissen würde er sich nicht entgehen lassen. „Los, Freunde!", ruft die Maus. „Ich brauche eure Hilfe!" Und plötzlich flitzen unzählige Mäuse um Carlos herum, der nicht weiß, nach welcher Maus er eigentlich schnappen soll. Endlich kann sich auch Max wieder regen. „Komm endlich!", ruft die andere Maus und die beiden verschwinden in einem **Mauseloch**. Nach einer Weile kommen auch die anderen Mäuse dazu. Carlos hat keine einzige von ihnen erwischt. „Warum habt ihr mir geholfen?", fragt Max. – „Na, weil der Kater dich sonst geschnappt hätte." – „Aber … aber … ich war immer gemein zu euch", stottert Max verlegen. – „In der Not muss man zusammenhalten. Dazu sind Freunde doch da", erwidern sie. – „Danke", schnieft Max und flitzt davon. Kurze Zeit später kehrt er mit einem riesigen Stück **Speck** zurück. „Ich möchte ihn mit euch teilen." – „Aber wenn du uns davon abgibst, bleibt für dich kaum noch etwas übrig." – „Das macht nichts. Es ist ohnehin viel schöner, wenn alle etwas abbekommen. Dann bleibt mir vielleicht nicht so viel, aber das kleine Stück schmeckt dafür noch viel besser, weil ich es mit meinen Freunden geteilt habe. Wir sind doch Freunde, oder?", fragt er unsicher. „Natürlich!", rufen die anderen. Dann lassen sich alle den köstlichen Speck schmecken. Und seit diesem Tag hat Max endlich Freunde gefunden und ist nicht mehr allein. Er ist zwar immer noch die schnellste Maus von allen, aber das ist inzwischen nicht mehr so wichtig.

Kleines Mäuslein

Material:

- ✓ Teefiltertüte (ca. 13 x 10 cm)
- ✓ Filzstifte in verschiedenen Brauntönen und Orange
- ✓ Teller (alternativ: Klarsichthülle)
- ✓ Schüssel mit Wasser
- ✓ Pipette
- ✓ 2 Küchenkrepppapiere zum Füllen
- ✓ Klebeband
- ✓ Schnur
- ✓ brauner Chenilledraht
- ✓ brauner, weißer, schwarzer Tonkarton
- ✓ Schere
- ✓ Locher
- ✓ Klebstoff

Konzentriert wird die Filtertüte eingefärbt.

Durchführung:

Für den Körper:
Legen Sie die Teefiltertüte auf den Teller und stellen Sie Filzstifte, die Wasserschüssel und die Pipette bereit. Die Kinder bemalen die Filtertüte mit den Filzstiften und befeuchten sie mit Wasser. Sobald die Farben nass werden, bluten diese aus und färben die Filtertüte in individuelle Muster und Farbschattierungen. Die nasse Filtertüte lassen Sie am besten über Nacht trocknen. Den folgenden Arbeitsschritt übernehmen Sie: Legen Sie zwei Küchenkrepppapiere übereinander, falten Sie diese 2-mal in der Mitte und rollen Sie sie zusammen. Diese Rolle stecken Sie in die Filtertüte hinein, drehen die Öffnung zusammen und fixieren sie mit einer Schnur.

Sollten auf der geschlossenen Filtertütenseite die Seitenteile abstehen, befestigen Sie diese einfach mit einem Stück Klebeband.

Für den Kopf:
Bereiten Sie für den Kopf ein braunes Quadrat (3,5 x 3,5 cm) vor sowie zwei Quadrate (2,5 x 2,5 cm) für die Ohren. Schneiden Sie für Augen und Nase einen weißen und einen schwarzen Streifen (1 cm) zu und für die Barthaare einen schwarzen Streifen (0,3 x 18 cm). Die Kinder schneiden am Kopf alle vier Ecken ab. An jedem Ohr schneiden sie drei Ecken ab.

Vom weißen Streifen schneiden sie zwei Stücke als Augen ab und kleben schwarze Locherpunkte als Pupillen auf. Vom breiten schwarzen Streifen schneiden sie ein Stück als Nase ab, den dünnen Streifen dritteln sie. Die Einzelteile des Gesichtes setzen die Kinder mit Klebstoff zusammen.

Fertigstellung:
Diesen Arbeitsschritt übernehmen Sie: Umwickeln Sie mit dem Chenilledraht (ca. 15 cm) das abgebundene Filtertütenende und biegen Sie das überstehende Stück in die gewünschte Form, sodass ein typischer Mäuseschwanz entsteht. Den Kopf fixieren Sie auf der Vorderseite des Körpers und fertig ist das kleine Mäuschen.

So sehen die fertigen Mäuse aus.

Husch, husch, husch

Verse sprechen ...	**Bewegungen ausführen ...**
Husch, husch, husch mein Mäuschen. Lauf schnell aus dem Häuschen.	Das Kind sitzt auf Ihren Oberschenkeln, mit dem Gesicht Ihnen zugewandt, und Sie wippen mit den Beinen dazu.
Läufst du durch das grüne Gras, werden deine Beinchen nass.	Streichen Sie mit den Händen an den Beinen des Kindes entlang.
Scheint die Sonne warm und hell, trocknet rasch dein nasses Fell.	Streichen Sie mit den Händen über die Arme des Kindes.
Weht der Wind sanft übers Gras, kitzelt er dich an der Nas´.	Pusten Sie das Kind sanft an und kitzeln Sie es an der Nasenspitze.
Nun schnell zurück ins Häuschen mein liebes, kleines Mäuschen.	Wippen Sie das Kind mit den Beinen.

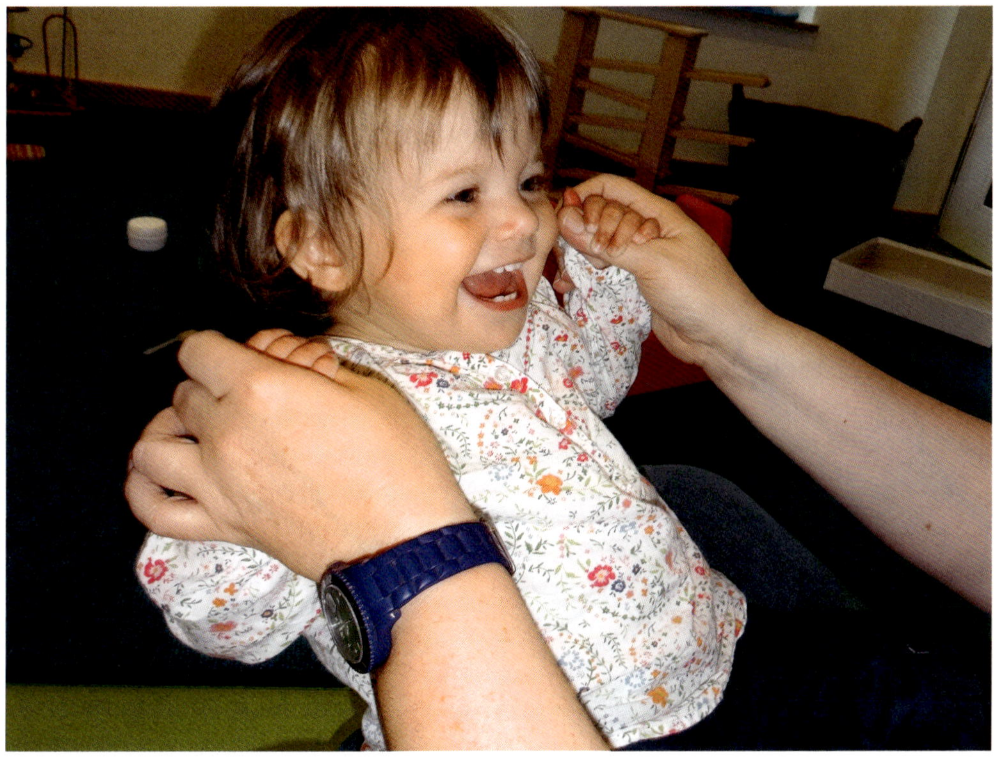

Die Kleinen lieben Kniereiterspiele.

Das Mäuschen

Melodie: traditionell, „Klein Häslein wollt spazieren gehn" | **Text:** Eva Danner

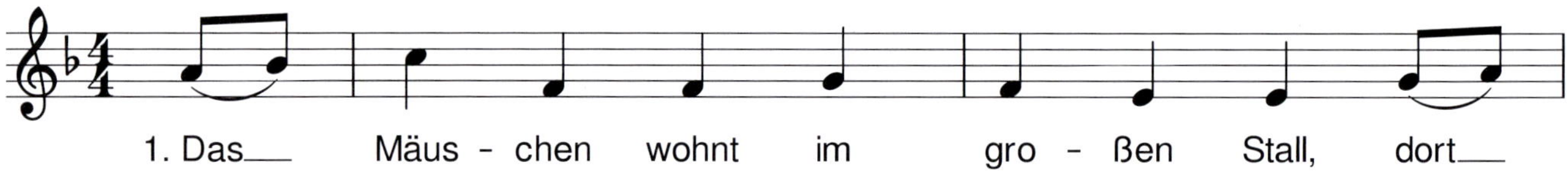

2.

Das Mäuschen, ja, das fühlt sich wohl,
es mag gern Käs' und Speck.
Doch kommt die Katz' zur Tür herein,
dann rennt es ganz schnell weg.

3.

Das Mäuschen, das ist wirklich flink,
es hört und riecht auch gut.
Doch kommt die Katz' zur Tür herein,
dann ist es auf der Hut.

4.

Das Mäuschen wird am Abend müd,
dann legt es sich zur Ruh.
Es kuschelt sich ins Nest hinein
und macht die Augen zu.

Spielmaus

Ein kleines Mäuschen zum Kuscheln und Liebhaben ist schnell selbst genäht und als hübsches Geschenk, z.B. zum Geburtstag, freuen sich Ihre Kinder sicher sehr.

Material:

- ✓ hellbrauner Stoff (alternativ: bunt gemusterter Baumwollstoff)
- ✓ hellbraunes und rotes Nähgarn
- ✓ roter, beiger oder brauner Filz
- ✓ rote dünne Kordel (alternativ: Wolle)
- ✓ 2 kleine Holzperlen
- ✓ Nähnadel und Stecknadeln
- ✓ Nähmaschine
- ✓ Schere
- ✓ Füllwatte
- ✓ Stift

So sieht das fertige Mäuschen aus.

So geht es:

Schneiden Sie aus dem hellbraunen Stoff einen Kreis von ca. 15 cm zu. Aus dem Filz fertigen Sie zwei Ohren in der gewünschten Form und Größe an.

Versäubern Sie den Kreis mit einem Zickzackstich und falten Sie ihn in der Hälfte. Legen Sie die beiden Ohren dazwischen und fixieren Sie das Ganze mit Stecknadeln. Nähen Sie die Maus von rechts am Rand entlang zusammen und lassen Sie eine Öffnung zum Füllen frei.

So eine tolle Überraschung!

Schneiden Sie von der Kordel ein längeres Stück ab und verknoten Sie es an beiden Enden. Füllen Sie den Körper der Maus mit etwas Füllwatte, legen Sie den Mäuseschwanz dazwischen und verschließen Sie die restliche Öffnung.

Nähen Sie die beiden Holzperlen als Augen an. Wenn Sie auf verschluckbare Kleinteile verzichten wollen, können Sie sie auch aufsticken. Fertig!

Maus und Rabe freunden sich direkt an.

Ledermäuschen

Material:

- ✓ braunes, graues, schwarzes oder weißes Leder
- ✓ Stift
- ✓ Schere
- ✓ Vorlage „Maus“ (s. u.)
- ✓ Lochzange
- ✓ Nadel und Faden

So sehen die fertigen Mäuse aus.

Durchführung:

Übertragen Sie die Mausvorlage auf das Leder und schneiden Sie diese aus.

Mithilfe der Lochzange stanzen Sie zwei Augen heraus und mit Nadel und Faden nähen Sie das Mäuschen an den Vorderpfötchen zusammen.

Fertig ist ein kleines Fingerspielmäuschen, mit dem Ihre Jüngsten sicher viel Freude haben werden.

„Piep" zwitschern die Vögel

Singvögel, wie Meise, Fink, Drossel oder Star, zählen zu den Sperlingsvögeln, mit mehr als 4000 Arten, und es gibt sie in den unterschiedlichsten Farben. Singvögel sind ausgezeichnete **Flieger**, die durch ihr leichtes, aber sehr stabiles Skelett schnell und wendig in der Luft sind. Die Leichtigkeit erhalten die Vögel durch ihre Knochen, die innen hohl sind, ebenso wie ihr Schnabel. Singvögel sind in der Lage, auch in großen Höhen noch ausreichend Sauerstoff aufzunehmen, weshalb sie sehr hoch fliegen können. Sie hören und sehen sehr gut und können auch Farben unterscheiden. Ihr Geruchs- und Geschmackssinn ist dagegen nicht so gut ausgeprägt. Auf dem **Speiseplan** stehen neben Insekten und Würmern auch Beeren, Obst, Sonnenblumenkerne und Nüsse. Singvögel können, wie ihr Name bereits verrät, wunderschön **singen**. Ihren Gesang bilden die Tiere im unteren Kehlkopf, indem sie bestimmte Membrane in Schwingung versetzen.

Der Spatz sonnt sich.

Eine Geschichte erzählt von reifen Sonnenblumen und warum Vögel diese so gern mögen.

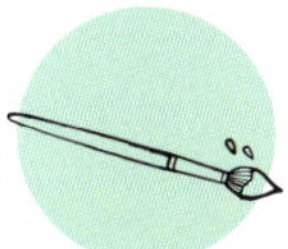

Aus Handabdrücken entsteht ein toller Vogel und die Kinder sammeln dabei taktile Erfahrungen.

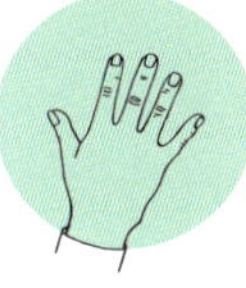

Ein lustiges Fingerspiel fördert die Sprachentwicklung und die Koordination der Kinder.

Ein Lied fördert die Musikalität der Kleinen und animiert zum Mitsingen.

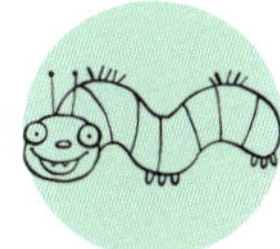

Die Kinder helfen dabei, Sonnenblumen zu pflanzen, und erfahren etwas über deren Wachstum und Aussehen.

Die Vögel und die Blumen

➥ Anleitung siehe S. 5

Diese Requisiten brauchen Sie:

- ✓ Tom/Ella (Figuren oder aus Papier)
- ✓ Traktor (Spielzeug oder aus Papier)
- ✓ Sonnenblumen (aus Papier, Deko oder echt)
- ✓ Vögel (Figuren oder aus Papier)
- ✓ Sonnenblumenkerne (echt oder kleine Steinchen)
- ✓ Harro (Figur oder aus Papier)
- ✓ Sack (kleiner Jutesack oder Beutel)
- ✓ Vogelhäuschen (aus Papier, echt oder konstruieren)
- ✓ Getreide (Getreidekörner)

Die Geschichte

Tom fährt mit dem **Traktor** zum Sonnenblumenfeld, das schon von Weitem voller gelber **Sonnenblumen** leuchtet. Nicht mehr lange und er kann sie ernten. Doch was ist das? Unzählige **Vögel** machen sich über die Kerne her. „Hey!", ruft Tom. „Ihr sollt nicht meine ganzen Kerne picken." Doch die Vögel hören ihm nicht zu. Eifrig picken sie die braunen Kerne aus den Blumen heraus. Tom steigt von seinem Traktor herunter und versucht, sie zu verscheuchen. „Husch, husch", macht er und fuchtelt mit den Händen in der Luft herum. Zuerst fliegen die Vögel weg, doch kurze Zeit später kommen sie bereits zurück und picken erneut an den Blumen. „Hört auf!", schimpft Tom. „Fliegt woanders hin." Doch die Vögel beachten ihn nicht. Dann hat der Bauer eine Idee. Eilig fährt er mit dem Traktor zurück zum Haus. **„Harro!"**, ruft er und sogleich rennt sein Hund herbei. „Ich brauche deine Hilfe." Schnell springt Harro auf den Traktor auf und die beiden fahren zurück zum Sonnenblumenfeld. „Schau, Harro. Die Vögel fressen alle Kerne. Kannst du mir helfen, sie zu verjagen?" – „Wuff", antwortet dieser, rennt mitten ins Sonnenblumenfeld hinein und die Vögel fliegen in alle Richtungen davon. – „Gut gemacht", lobt Tom ihn. Doch er hat sich zu früh gefreut. Keine zwei Minuten später sind die Vögel zurück. „Das gibt es doch nicht!", schimpft Tom, als **Ella** zu den beiden kommt. Die Bauersfrau hat eine Idee. Die drei fahren in den Schuppen hinter dem Bauernhaus und Ella holt etwas. „Seht her, was ich gefunden habe", präsentiert sie stolz ein großes **Vogelhäuschen**. Es ist auf einen dicken Holzbalken geschraubt, sodass man es gut in die Erde stecken kann. Tom holt einen **Sack Getreide** und die drei fahren wieder los. So oft wie heute ist Tom noch nie zu seinem Sonnenblumenfeld gefahren. Etwas abseits des Feldes stellt er den Traktor ab. „Hier ist ein guter Platz", sagt er und rammt den Holzbalken fest in die Erde. Dann öffnet er den Sack und er und Ella streuen das Getreide vom letzten Jahr in das Vogelhaus und auch eine ganze Menge außen herum. „Jetzt bist du dran, Harro. Du musst nun alle Vögel hierherscheuchen. Kannst du das?", fragt Tom und Harro rennt los. „Wuff wuff", scheucht er die Vögel vor sich her, genau in Tom und Ellas Richtung. Es dauert nicht lange und die Vögel bemerken das mit Getreide gefüllte Häuschen. Eilig lassen sie sich dort nieder und picken die Körner. „Es hat geklappt", freut sich Ella. „Schaut, die Vögel fressen das Getreide und lassen die Sonnenblumen in Ruhe." – „Das war eine tolle Idee", lobt Tom seine Frau. „Wir werden nun jeden Tag etwas Getreide in das Häuschen streuen, bis die Sonnenblumen geerntet werden können. Bald ist es so weit. So haben die Vögel etwas Leckeres zu picken, lassen die Blumen in Ruhe und das Getreide vom letzten Jahr findet auch noch eine gute Verwendung", sagt der Bauer zufrieden. Dann fahren die drei zurück zum Bauernhaus und zwar das zum letzten Mal für heute.

Schwarzer Vogel

Material:

- ✓ schwarze Fingerfarbe
- ✓ Pinsel
- ✓ blauer Fotokarton (DIN A4)
- ✓ oranger, weißer, schwarzer Tonkarton
- ✓ schwarze Bastelfedern
- ✓ Schere
- ✓ Klebstoff
- ✓ Locher

So sieht der fertige Handabdruck-Vogel aus.

Durchführung:

Für den Körper:

Bemalen Sie die Handfläche des Kindes (ohne Finger) mit schwarzer Fingerfarbe und drucken Sie diese als Kopf auf den blauen Fotokarton. Bemalen Sie die Hand ein zweites Mal und drucken Sie diese als Bauch direkt unter den Kopf. Die Handabdrücke lassen Sie trocknen.

Das Bemalen der Handfläche kitzelt.

Das Schneiden gelingt schon ganz ohne Hilfe.

Für Gesicht und Beine:

Bereiten Sie für die Augen einen weißen Streifen (1 cm) vor, für den Schnabel ein oranges Rechteck (1,5 x 2,5 cm) und für die Füße einen orangenen Streifen (0,5 cm). Die Kleinen schneiden vom weißen Streifen zwei Stücke als Augen ab und kleben schwarze Locherpunkte als Pupillen auf. Das Rechteck schneiden sie diagonal durch und verwenden eine Hälfte als Schnabel. Vom orangefarbenen Streifen schneiden die Kinder zwei kurze und zwei lange Stücke ab und befestigen diese als Krallen und Beine am Vogelkörper. Die Einzelteile des Gesichtes setzen sie mit Klebstoff zusammen.

Für die Flügel:

Die Kleinen befestigen zwei schwarze Bastelfedern als Flügel und fertig ist ein fröhlicher Vogel.

Gut zu wissen:

Wer einen Vogel in einer anderen Farbe gestalten möchte, wählt einfach eine andere Fingerfarbe dafür aus und passt die Federn farblich an.

Die Vögel

Verse sprechen ...	Finger spielen ...
Auf dem schönen, großen Feld, wachsen Blumen braun und gelb.	Arme formen einen Kreis (= Feld); Arme nach oben strecken (= Blumen)
Man kann sie schon von Weitem sehn, die Sonnenblumen wunderschön.	Hand beschattet Augen; Finger beider Hände spreizen
Dann kommen Vögel schnell herbei, man hört von fern schon ihr Geschrei.	Laut „Piep, Piep!“ rufen
Flattern eilig, froh und munter zu den Sonnenblumen runter.	Arme auf- und abbewegen
Denn sie picken ja so gerne, all die vielen, braunen Kerne.	Daumen und Zeigefinger bilden den Schnabel und picken in der anderen Handfläche imaginäre Kerne auf
Doch irgendwann, da sind sie satt, weil keiner nun mehr Hunger hat.	Mit der Handfläche kreisförmig über den Bauch streichen
Und dann fliegen sie davon, kommen wieder, morgen schon.	Arme auf- und abbewegen

„Denn sie picken ja so gerne, all die vielen, braunen Kerne.“

Kommt ein Vogel geflogen

Melodie: traditionell, „Kommt ein Vogel geflogen" | **Text:** Eva Danner

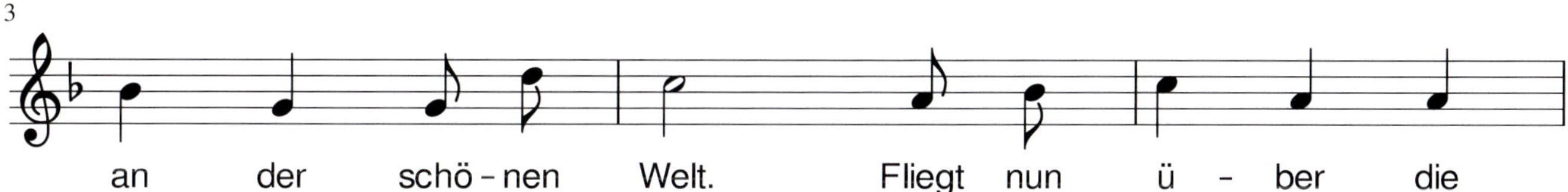

2.

Setzt sich auf eine Blume,
sie ist gelb und etwas braun.
Und sie hat lange Stiele,
wunderschön anzuschaun.

3.

Und die Blume hat Körner,
unser Vogel isst sich satt.
Pickt sie mit seinem Schnabel,
weil er großen Hunger hat.

4.

Lieber Vogel, fliege weiter,
freu dich an der schönen Welt.
Denk noch lange an die Blumen,
auf dem Sonnenblumenfeld.

Sonnenblumen pflanzen

Material:

- ✓ 1 Eimer Blumenerde
- ✓ 1 kleine Schaufel
- ✓ 1 Blumenschale
- ✓ Sonnenblumenkerne (alternativ: gekaufte Sonnenblume)
- ✓ Wachsdecke
- ✓ Gießkanne mit Wasser

Für Kinder ist es ungemein spannend, Dingen beim Wachsen und sich Sich-Verändern zuzuschauen. Gemeinsam mit Bauer Tom dürfen sie deshalb Sonnenblumenkerne einpflanzen, die rasch größer werden, sich optisch verändern und vielleicht irgendwann wunderschön blühen.

Oh, was hat Bauer Tom dieses Mal mitgebracht?

Zunächst zeigt Tom den Kleinen alles, was sie dafür benötigen: einen Eimer mit Blumenerde, eine kleine Schaufel, eine Blumenschale und natürlich die Sonnenblumenkerne. Eine Wachsdecke schützt beim Einpflanzen und eine kleine Gießkanne mit Wasser steht zum anschließenden Bewässern bereit.

Als Erstes dürfen sich die Kinder die kleinen Kerne genau anschauen. Wer möchte, kann auch einen davon in die Hand nehmen. Mithilfe der Schaufel helfen alle mit, die Blumenerde in die Schale zu füllen. Dies erfordert viel Konzentration und eine gute Auge-Hand-Koordination.

Ganz schön klein, die Sonnenblumenkerne.

Jeder darf nun einen kleinen Sonnenblumenkern behutsam in die Blumenschale legen, bevor diese mit etwas Erde bedeckt werden. Zuletzt dürfen die Kinder noch beim Gießen helfen, bevor die Kerne auf der Fensterbank ein geeignetes Plätzchen finden. Dann heißt es erst einmal warten, hin und wieder gießen und beobachten, was aus den Samen in der Erde wird.

Gut zu wissen:

Sie können die Sonnenblumen entweder in einem Blumentopf säen und später nach draußen setzen oder direkt im Außengelände säen. Dazu sind konstant warme Temperaturen nötig, damit die Sonnenblume gut wachsen kann. Wenn es zeitlich mit dem Säen nicht klappt, können Sie alternativ auf gekaufte Sonnenblumen ausweichen.